Für Kassen- und Privatpatienten steht natürlich immer die Heilung im Vordergrund. Das Wohlbefinden kann jedoch auch durch zahlreiche Rechtsfragen in Zusammenhang mit Krankenversicherung und Arzneimittelverordnung beeinträchtigt werden. Besonders schwierig wird es für einen Patienten, wenn durch ärztliche Behandlung ein Gesundheitsschaden eintritt und der Patient seine Auffassung durchsetzen muß, daß ein Arzt oder ein Krankenhaus für den Schaden verantwortlich ist.

Dieser Band stellt die Grundlagen unserer Krankenversicherung und des Arzneirechts dar, wobei die Leistungen der gesetzlichen Krankenkasse systematisch aufgezeigt werden.

Außerdem ist eine Checkliste mit den wesentlichen Unterschieden zwischen gesetzlicher und privater Krankenkasse beigegeben. Besondere Aufmerksamkeit ist dem Arzthaftungsrecht gewidmet, wobei ausführlich nicht nur die Durchsetzung von Ansprüchen ohne gerichtliche Hilfe dargestellt ist, sondern auch der Arzthaftungsprozeß mit Schadensabwicklung, Einschaltung der Staatsanwaltschaft und Schmerzensgeldhöhe.

Hochaktuell befaßt sich ein Kapitel des Buches mit den Regelungen der neuen Pflegeversicherung.

Dr. Karl-Otto Bergmann ist Rechtsanwalt und Notar sowie Fachanwalt für Verwaltungsrecht in Hamm. Neben Schriften zum Haftungsrecht sind von ihm mehrere Veröffentlichungen zum Arztrecht erschienen.

Gabriela Schwarz-Schilling ist Rechtsanwältin in Kreuztal bei Siegen.

Die Verfasser sind Mitglieder der Arbeitsgemeinschaft Rechtsanwälte im Medizinrecht e.V.

Ratgeber Recht

Karl-Otto Bergmann
Gabriela Schwarz-Schilling

Krankheit und Recht

Fischer Taschenbuch Verlag
Carl Heymanns Verlag

Originalausgabe
Veröffentlicht im Fischer Taschenbuch Verlag GmbH,
Frankfurt am Main, März 1995

Lektorat: Markus J. Sauerwald
Satz: Fotosatz Otto Gutfreund GmbH, Darmstadt
Druck und Bindung: Clausen & Bosse, Leck
Printed in Germany
ISBN 3-596-12497-2

Gedruckt auf chlor- und säurefreiem Papier

Inhalt

I. Einführung

Für jeden Patienten steht die Heilung der Krankheit im Vordergrund. Jeder von uns möchte **Gesundheitsvorsorge** betreiben und sich **vor Krankheiten absichern.** Neben dem Bemühen um die Gesundheit der Bevölkerung bleiben aber zahlreiche **Fragen,** bei denen sich **Krankheit** und **Recht** berühren. Dies beginnt bei der Frage, wie wir uns gegen die **Kosten der Krankheit** versichern. Im ersten Abschnitt des Bandes **Krankheit und Recht** waren wir bemüht, die Fragen der **gesetzlichen** und **privaten Krankenversicherung** – trotz der Schwierigkeit und des Umfangs der Regelungen – in **leicht verständlicher** Weise darzustellen. Die Erläuterung der Leistungen der **gesetzlichen Krankenversicherung von A – Z** und eine **Checkliste** über die wichtigsten **Unterschiede** zwischen **gesetzlicher** und **privater Krankenversicherung** sollen Ihnen helfen, die Entscheidung für die richtige Versicherung treffen zu können.

Der Pflegeversicherung als fünfte Säule des Sozialversicherungssystems ist ein eigener Abschnitt zugedacht worden. Die Finanzierung und die Leistungen werden ausführlich behandelt. Der Abschnitt zur Arzthaftung erläutert die **Möglichkeiten,** bereits **ohne** Hilfe der **Gerichte Arzthaftungsansprüche durchzusetzen.** Wir zeigen die Grundlagen eines Arzthaftungsprozesses auf und wollen praktische Hinweise zur **Schadensabwicklung,** zur Einschaltung der Staatsanwaltschaft und zur Höhe des Schmerzensgeldes geben. Der letzte Abschnitt des Buches über das **Arzneimittelrecht** behandelt in erster Linie Verbraucherfragen, also den Schutz des Menschen bei der richtigen Anwendung der Arzneimittel. Wir wollen auch erläutern, warum Arzneimittel einen festen, hohen Preis haben.

Wir sind uns bewußt, daß wir mit dieser Einführung nur die **Grundlagen** des sehr komplexen Bereichs *Krankheit und Recht* darstellen können. Wir können dem Patienten weder den Gang zum Arzt noch zum Anwalt, zum Versicherer oder zu Verbraucherverbänden abnehmen. Vielleicht wird dem Leser aber am Ende der Lektüre deutlich, welche außerordentlich wichtige Rolle das Rechtsgut »Gesundheit« in unserer Gesellschaft haben muß und hat.

II. Der Patient und seine Krankenversicherung

Niemand von uns ist gegen Krankheit geschützt, auch wenn er noch so gesund lebt. Wie gegen andere Unglücke, sei es Unfall oder Feuer, Diebstahl oder Haftung für Schadensersatz, können wir uns gegen die **finanziellen Folgen** der Krankheit **versichern**. Jeder hat die Möglichkeit, ja zum größten Teil auch die Verpflichtung, sich gegen die Folgen einer Krankheit – sei es Behandlungskosten im Krankenhaus oder beim Arzt, sei es die Kosten der Medikamente oder sogar der eigene Verdienstausfall – zu versichern. Die **Krankenversicherung** ist damit Teil unseres angemessenen Lebensstandards.

1. Wie kann der Patient sich versichern?

Das Netz der sozialen Sicherung ist gewissermaßen an zwei Hauptpflöcken befestigt, zum einen der **Sozialversicherung** und zum anderen der **Individualversicherung**. Entweder schützt uns der Staat in einem gesetzlich genau festgelegten Rahmen, oder wir können bzw. müssen selbst mit den Versicherern der privaten Versicherungswirtschaft Verträge schließen. Die **private Versicherung** ist grundsätzlich **freiwillig**, wenn man einmal von der Kraftfahrzeughaftpflichtversicherung oder teils auch der Gebäudehaftpflichtversicherung absieht, die **Sozialversicherung** ist grundsätzlich eine **Pflichtversicherung**. Es gibt auch freiwillig Versicherte. **Selbständige** und **Freiberufler** schließen meist **private Versicherungen** ab, fast alle übrigen **Beschäftigten** sind **sozialversiche-**

rungspflichtig. Manche Bürger gehören aber auch einer **gesetzlichen Krankenkasse** an, obwohl sie nicht dazu verpflichtet sind. Daneben gibt es noch das **Beihilfesystem** der **Beamten** bzw. die **vergleichbaren Systeme** bei der **Bahn** und **Post** in Form von **Betriebskrankenkassen.** Fast 90% unserer Bevölkerung der Bundesrepublik in West und Ost sind gesetzlich krankenversichert, nur ca. 10% stehen ausschließlich unter privatem Krankenversicherungsschutz. Etwa jedes zweite Mitglied gehört einer der 272 Ortskrankenkassen in den alten und neuen Ländern an, etwa ein Drittel einer Angestellten-Ersatzkasse. Der übrige Teil der gesetzlich Krankenversicherten ist in einer der mehr als 700 Betriebs- und 150 Innungskrankenkassen versichert. Wir sehen also: Seit Jahresbeginn 1991 haben wir das gegliederte System der gesetzlichen Krankenversicherung von etwa 1.100 Krankenkassen mit Orts-, Betriebs-, Landwirtschaftlichen Kassen und Ersatzkassen sowie im Bergbau der Knappschaft in ganz Deutschland.

Gesetzliche oder private Versicherung – Voraussetzungen

Die **gesetzliche Krankenversicherung** und die **private Krankenversicherung** haben sehr unterschiedliche Voraussetzungen. Denn alle diejenigen, die über der sogenannten **Arbeitsentgeltgrenze** (im Jahre 1994 monatliches Bruttogehalt 5.700,– DM, in den neuen Ländern 4.425,– DM) verdienen, können sich **privat versichern.** Arbeitnehmer, die bis zu 5.700,– DM brutto (4.425,– DM brutto in den neuen Bundesländern) monatlich verdienen, **müssen** automatisch in der **gesetzlichen Krankenversicherung** versichert sein. Ob diese gesetzliche Regelung immer vernünftig ist, ist zumindest zweifelhaft. Denn beispielsweise genießen über die gesetzliche Krankenversicherung die Kinder im Rahmen der Familienhilfe und auch später Studenten einen preiswerten Krankenversicherungsschutz, nach Abschluß des Studiums können dieselben Personen sehr schnell über die Beitragsentgeltgrenze kommen und sich privat versichern. Diese gesetzliche »Schieflage« ist bisher nicht beseitigt worden.

2. Wissenswertes zur gesetzlichen Krankenversicherung

Was bedeutet Solidaritätsprinzip?

Bei dem soeben genannten Beispiel des Studenten zeigt sich schon ein prägendes Merkmal der gesetzlichen Krankenversicherung, das sogenannte **Solidaritätsprinzip**. Im Unterschied zur privaten Krankenversicherung richten sich die **Beiträge** für den gesetzlichen Krankenversicherungsschutz nicht nach Umfang und Höhe des abgedeckten Versicherungsrisikos, sondern nach der **finanziellen Leistungsfähigkeit** des Mitgliedes. Für das geltende Solidaritätsprinzip sind also Alter, Geschlecht und gesundheitliches Risiko des Versicherten beitragsunerheblich. Ausdruck des Solidaritätsprinzips ist auch die Tatsache, daß **nicht erwerbstätige Ehegatten** und **Kinder** als Versicherte beitragsfrei im Rahmen der Familienversicherung **mitversichert** sind – sofern die »geringfügigen« Einkommensgrenzen nicht überschritten werden.

Was versteht man unter Sachleistungsprinzip?

Der zweite Grundsatz der gesetzlichen Krankenversicherung ist das sogenannte **Sachleistungsprinzip**. Im Versicherungsfall erhält der Versicherte **kein Geld**, um beispielsweise den Arzt zu bezahlen, sondern die **erforderliche medizinische Leistung**. Um dies zu gewährleisten, schließen die Krankenkassen mit den Ärzten, Krankenhäusern, Apotheken usw. Verträge ab mit der Verpflichtung, den Versicherten zu Lasten der Krankenkasse zu behandeln. Damit ist garantiert, daß alle Kranken ohne Rücksicht auf ihr Einkommen gleichbehandelt werden. Das **Sachleistungsprinzip** wird für alle **freiwillig Versicherten** in der gesetzlichen Krankenversicherung **durchbrochen**, diese haben auch die Möglichkeit der wahlweisen Kostenerstattung. Seit dem 1.10.1993 können aber auch die Pflichtversicherten an der Erprobungsregelung teilnehmen und zum System der Kostenerstattung übergehen. Sonst gibt es Kostenerstattung in der gesetzlichen Krankenversicherung nur in Ausnahmefällen, die im Gesetz genannt sind, wie zum Beispiel beim Zahnersatz.

Das Selbstverwaltungssystem der gesetzlichen Krankenversicherung

An sich von großer Bedeutung, aber für den Versicherten nicht unmittelbar fühlbar, ist der dritte Grundsatz der gesetzlichen Krankenversicherung, nämlich das **Selbstverwaltungsprinzip**. Die **Träger** der **gesetzlichen Krankenversicherung** verwalten sich selbst. Die Verwaltung ist, wie es das Sozialgesetzbuch bestimmt, den Arbeitnehmern und Arbeitgebern übertragen, die unmittelbar an der Ausgestaltung unseres Gesundheitssystems mitwirken können. Die acht verschiedenen **Kassenarten**, nämlich die Ortskrankenkassen, Betriebskrankenkassen, Innungskrankenkassen, Landwirtschaftliche Krankenkassen, Angestellten-Ersatzkassen, Arbeiter-Ersatzkassen, Seekrankenkasse und die Bundesknappschaft, beschließen ihre **Leistungen** in den **Selbstverwaltungsgremien**. Ab 1.1.1996 werden der bisherige Vorstand und die bisherige Vertreterversammlung der Krankenkassen und deren Verbände zu einem Gremium, dem sogenannten **Verwaltungsrat,** zusammengefaßt. Dieser bestellt einen hauptamtlichen Vorstand – bis zu 3 Personen –, der für jeweils 6 Jahre gewählt wird. Der Verwaltungsrat entscheidet dann über die Höhe des Beitragssatzes der Krankenkasse oder auch über die Einführung von Mehrleistungen usw. Er hat alle grundsätzlichen Entscheidungsfragen zu klären, während im übrigen der hauptamtliche Vorstand die Geschäfte leitet.

Welcher Versicherte gehört zu welcher Krankenkasse?

Die Versicherten sind ihrerseits einer bestimmten Kasse kraft Gesetzes zugewiesen. Die Arbeitnehmer sind regelmäßig in der **Allgemeinen Ortskrankenkasse** des Beschäftigungsortes, die Beschäftigten in Handwerksbetrieben, deren Inhaber Innungsmitglied ist, gehören zur **Innungskrankenkasse.** Wo **Betriebskrankenkassen** eingerichtet sind, gehören alle Beschäftigten des Betriebes dieser Betriebskrankenkasse an. Wer bei Neuerrichtung einer Betriebs- oder Innungskrankenkasse in der Ortskrankenkasse bleiben möchte, kann dies in Zukunft tun.

Ist ein Wechsel möglich?

Bisher können die Versicherten von einer zugewiesenen Kasse zu einer **Ersatzkasse** wechseln, wenn dies Gesetz und Satzung der Ersatzkasse ermöglichen. Ab 1.1.1996 steht allen Mitgliedern der Orts-, Betriebs- und Innungskrankenkassen ebenso wie heute den Mitgliedern von Ersatzkassen unter Berücksichtigung einer Kündigungsfrist von 3 Monaten zum Jahresende, frühestens also zum 1.1.1997, die Wahl ihrer Krankenkasse frei. Diese Wahlmöglichkeit gilt auch für gewerbliche Arbeitnehmer und Arbeiter des öffentlichen Dienstes. An ihre Wahl sind die Versicherten dann 1 Jahr lang gebunden.

Wie begegnet die gesetzliche Krankenversicherung der Kostenexplosion?

Die Eingriffe des Gesetzgebers

Die **Kostenexplosion** in der gesetzlichen Krankenversicherung hat in den letzten Jahren tiefe Eingriffe im Leistungs- und Beitragssystem notwendig gemacht. Im Jahre 1992 hat die gesetzliche Krankenversicherung in den alten Ländern fast 176 Milliarden DM für die Gesundheit ihrer Versicherten ausgegeben; das ist siebenmal soviel wie im Jahr 1970. Auf der anderen Seite sind die jahresdurchschnittlichen Beitragssätze von 8,2 % im Jahre 1970 auf 13,4 % im Jahre 1993 gestiegen. Alle **Beitragserhöhungen** haben bisher **nicht ausgereicht**, die **Kosten** des Gesundheitssystems zu **decken**. Steigende Beiträge sind unsozial, vermindern das Einkommen und auch die Renten der Versicherten. Deshalb hat der Gesetzgeber durch das **Gesundheitsstrukturgesetz** vom 1.1.1993 an in die Leistungsausgaben der Krankenkassen in erheblichem Umfange eingegriffen, um die schon hohen Beiträge stabil zu halten. Der Gesetzgeber hat festgelegt, daß die Ausgaben für Krankenhausbehandlung, ärztliche und zahnärztliche Behandlung, Arznei-, Verbands- und Heilmittel, stationäre Kuren und Verwaltungskosten **nicht** stärker **steigen** dürfen als die beitragspflichtigen Einnahmen der Krankenkassen. Für die Ausgaben wird ein festes **Budget** gebildet. Gleichzeitig hat der Gesetzgeber dafür gesorgt, daß die Arzneimittelpreise, die Honorare für Zahnersatzleistungen und die Kosten für Heil- und Hilfsmittel und Fahrtkosten begrenzt werden. Da rund ⅓ aller Ausgaben der gesetzlichen Krankenkassen auf den Krankenhausbereich entfallen, hat der Gesetzgeber auch in das **Vergütungssystem** der **Krankenhäuser eingegriffen**, das bisherige Selbstkostendeckungsprinzip aufgehoben und einen **tagesgleichen Pflegesatz** eingeführt. Für die ärztlichen Leistungen, wie Operationen, sollen feste Preise, sogenannte **Fallpauschalen**, und sonstige Entgelte eingeführt werden, und zwar unabhängig davon, wie lange ein Patient im Krankenhaus liegt. Die ambulante Operation und die vor- und nachstationäre Behandlung dürfen nun in den Krankenhäusern und beim niedergelassenen Kassenarzt stattfinden. Da die Zahl der Vertragsärzte der Krankenkassen in den letzten 20 Jahren auf über 77.000 gestiegen ist und eine **ärztliche Überversorgung** vorliegt, hat das Gesundheitsstrukturgesetz die **Zulassung** neuer **Ärzte begrenzt**.

Besonders **tief eingegriffen** hat der Gesetzgeber bei dem Bereich der **Verordnung** von **Arzneimitteln.** Anlaß war, daß die gesetzlichen Krankenkassen im Jahre 1992 etwa 27 Milliarden DM für Arzneimittel ausgegeben und in den letzten Jahren zweistellige Steigerungsraten vorgelegen haben. Deshalb hatte der Gesetzgeber für das Jahr 1993 festgelegt, daß für Arzneimittel nur rd. 24 Milliarden DM zur Verfügung stehen, andererseits aber die Arzneimittelpreise um 5 bzw. 2 % gesenkt werden.

Auf das Leistungsangebot der gesetzlichen Krankenversicherung wollen wir später eingehen. Jeder von uns hat aber erkannt, daß es nicht richtig ist, wenn von 1960 bis 1991 die Ausgaben im Gesundheitswesen dreimal so schnell gestiegen sind wie die Löhne und Gehälter. Hierfür gibt es viele Gründe: das erweiterte Leistungsangebot, die Zunahme alter Menschen, teure »Gerätemedizin« und steigende Arzneimittelpreise, manchmal auch fehlendes Verantwortungsbewußtsein des Versicherten. Die Gesundheitsreform war notwendig, um das an sich bewährte und auch heute beispielsweise den Vereinigten Staaten von Amerika zum Vorbild dienende System der Solidarität und gleichzeitig der Eigenverantwortung der Versicherten im Sozialstaat aufrechtzuerhalten.

Ist mit weiteren Einschränkungen zu rechnen?

Mit weiteren Einschränkungen im Gesundheitswesen muß auch für die kommenden Jahre gerechnet werden. Erste Vorschläge des Sachverständigenrats im Gesundheitswesen sehen **Leistungseinschränkungen** vor, und zwar bei den **Zuschüssen** für **Kuren**, **Brillen** und **Zahnersatz**. Auch der **Eigenanteil** bei homöopathischen und psychotherapeutischen Behandlungen oder kosmetischen Operationen steht ebenso auf dem Prüfstand wie die Zuzahlung nicht lebensnotwendiger Medikamente oder die Höhe des Arbeitgeberanteils an der Krankenversicherung. Ein Sondergutachten zur Gesundheitsreform wird im Jahre 1995 vorliegen.

3. Der Kreis der Versicherten in der gesetzlichen Krankenversicherung

Wer wird versichert?

Der **gesetzlichen Krankenversicherung** gehören heute rund **90% der Bevölkerung** an, und zwar entweder als Pflichtversicherte, freiwillig Versicherte oder Familienangehörige.

Versicherungspflichtig sind

- Arbeitnehmer und Auszubildende, soweit sie nicht versicherungsfreie Beschäftigungsverhältnisse eingegegangen sind,
- Arbeitslose,
- land- und forstwirtschaftliche Unternehmer mit ihren mitarbeitenden Familienangehörigen,
- Künstler und Publizisten,
- Studenten,
- Personen, die in Einrichtungen der Jugendhöfe für eine Erwerbsfähigkeit befähigt werden sollen, und Teilnehmer an berufsfördernden Maßnahmen zur Rehabilitation,
- Behinderte in entsprechenden Werkstätten oder Einrichtungen,
- Rentner bei Erfüllung der Vorversicherungszeiten,
- landwirtschaftliche Altenteiler.

Arbeitslose sind gesetzlich versichert, wenn sie Arbeitslosengeld, Arbeitslosenhilfe oder Eingliederungshilfe erhalten. Das gleiche gilt für Teilnehmer an beruflichen Fortbildungs- oder Umschulungsmaßnahmen, wenn sie Unterhaltsgeld beziehen. Auch ab der 5. Woche der Sperrzeit besteht der Schutz der gesetzlichen Krankenversicherung.

Studenten können nur bis zur Vollendung des 30. Lebensjahres pflichtversichert sein, längstens bis zum Abschluß des 14. Fachsemesters. Solange eine Familienversicherung besteht, hat diese Vorrang. Der Zeitraum verlängert sich um Zeiträume des Grundwehr- bzw. Zivildienstes. **Studenten** bleiben auch dann pflichtversichert, wenn sie die Zeithöchstgrenzen übersteigen und die Art der Ausbildung, persönliche oder familiäre Gründe diese Überschreitung rechtfertigen.

Bei **Rentnern** ist Voraussetzung, daß sie zwischen der erstmaligen Aufnahme einer Erwerbstätigkeit und dem Rentenantrag mindestens 9/10 der zweiten Hälfte dieses Zeitraumes pflichtversichert waren. Der privat krankenversicherte Rentner kann also grundsätzlich nicht mehr in die gesetzliche Krankenversicherung zurück.

Wer ist befreit?

Von dieser Pflichtversicherung sind bestimmte Personengruppen befreit:

- Alle Arbeitnehmer, deren regelmäßiges **Jahresbruttoarbeitsentgelt** 75% der **Beitragsbemessungsgrenze** der Rentenversicherung (70200,– DM für 1995 in den alten Ländern und 57600,– DM im Jahre 1995 in den neuen Bundesländern) **übersteigt**. **Ausgenommen** sind **Seeleute**, die ohne Rücksicht auf die Höhe ihres Arbeitseinkommens versicherungspflichtig sind.
- Beamte, Richter, Soldaten, Geistliche, Lehrer an privaten Ersatzschulen, Personen in beamtenähnlicher Stellung und Pensionäre,
- Werkstudenten,
- geringfügig Beschäftigte,
- Mitglieder geistlicher Genossenschaften,
- alle durch das Krankenfürsorgesystem der Europäischen Gemeinschaften Geschützten,

- alle Selbständigen mit Ausnahme der Landwirte und Künstler.

Wer gilt als geringfügig beschäftigt?

Die wichtige Gruppe der **geringfügig Beschäftigten** wird durch ein monatliches Arbeitseinkommen von 580,– DM (im Jahr 1995) bzw. in den neuen Bundesländern 480,– DM begrenzt. Wer mindestens 15 Stunden in der Woche arbeitet, ist ohne Rücksicht auf sein Arbeitsentgelt **versicherungspflichtig**. Achtung: Mehrere geringfügig entlohnte Beschäftigungen werden zusammengerechnet, ebenso mehrere kurzfristige Beschäftigungen nacheinander. Übrigens: Der Arbeitgeber zahlt die Sozialversicherungsbeiträge allein, wenn der Verdienst 610,– DM (alte Bundesländer) bzw. 510,– DM (neue Bundesländer) monatlich nicht übersteigt.

Wer kann sich befreien lassen?

Bestimmte Personengruppen können sich von der Versicherungspflicht befreien lassen, sofern sie nicht arbeitslos sind. Tritt die Versicherungspflicht ein z. B. durch

- Erhöhung der Jahresarbeitsentgeltgrenze,
- Aufnahme einer Teilzeitbeschäftigung während des Erziehungsurlaubs,
- halbschichtige Beschäftigung, wenn mindestens seit 5 Jahren eine Versicherungsfreiheit wegen Überschreitens der Jahresarbeitsentgeltgrenze bestanden hat,
- Beschäftigung als Arzt im Praktikum, kann man sich auf **nicht widerruflichen Antrag** befreien lassen. Dieser **Antrag** muß spätestens **innerhalb von 3 Monaten nach Beginn** der **Versicherungspflicht** bei der Krankenkasse gestellt werden.

Wer kann sich freiwillig versichern?

Umgekehrt kann derjenige, der aus der **Familienversicherung ausscheidet**, sich für die Zukunft freiwillig versichern, ohne eine Vorversicherungszeit erfüllen zu müssen. Ebenso kann derjenige, der aus der **Versicherungspflicht ausscheidet**, sich freiwillig weiter versichern, wenn er unmittelbar ununterbrochen mindestens 12 Monate oder jedenfalls in den letzten 5 Jahren mindestens 24 Monate versichert gewesen ist. Auch die **Arbeitnehmer**, die **erstmals** eine **Beschäftigung aufnehmen** und, weil sie sofort über die Jahresarbeitsentgeltgrenze kommen, versicherungsfrei sind, können sich freiwillig versichern. Kommen **Arbeitnehmer aus** dem **Ausland zurück**, können sie sich freiwillig versichern, wenn sie innerhalb von zwei Monaten nach ihrer Rückkehr wieder eine Beschäftigung aufnehmen. Auch **Schwerbehinderte** haben die Möglichkeit der freiwilligen Versicherung, wenn entweder sie selbst oder ein Elternteil oder der Ehegatte in den letzten 5 Jahren mindestens 3 Jahre versichert waren. Der freiwillige **Beitritt** kann aber nicht unbegrenzt erklärt werden, sondern nur **innerhalb von 3 Monaten** ab Eintritt der Berechtigung. Wer also als Arbeitnehmer schon bei seiner ersten Beschäftigung krankenversicherungsfrei ist, muß seine Entscheidung über den freiwilligen Beitritt zur gesetzlichen Krankenversicherung in diesen ersten drei Monaten treffen!

Besonderheiten bei Rentnern

Für die **freiwillig versicherten Rentner** ist die Lage ab 1.1.1993 schwieriger. Wer nach dem 31.12.1992 in Rente gegangen ist und weniger als 9/10 der zweiten Hälfte des Erwerbslebens pflichtversichert war, bleibt zwar als Rentner freiwillig versichert. Grundsätzlich sind aber die Beiträge aus Versorgungsbezügen und Arbeitseinkommen aus selbständiger Tätigkeit, aber auch aus sonstigen Einnahmen wie zum Beispiel Zinsen, Mieten oder Pachten nach dem ermäßigten Beitragssatz zu zahlen. Die gesetzliche Rente wird aber wie bisher nur mit dem halben Beitragssatz belastet, die andere Hälfte übernimmt die Rentenversicherung. Also kann man sagen, daß in Zukunft die **Beiträge nach** der gesamten **wirtschaftlichen Leistungsfähigkeit** berechnet werden.

Wer ist mitversichert?

Mitversicherung von Familienangehörigen

Ein besonderer Vorteil der gesetzlichen Krankenversicherung ist, daß neben dem Versicherten auch seine **Familienangehörigen**, also **Ehegatte** und **Kinder** geschützt sind, ohne daß diese zusätzlich Beiträge zahlen müssen. Diese sind versichert, wenn sie ihren Wohnsitz oder gewöhnlichen Aufenthalt in Deutschland haben und ihr eigenes Einkommen eine bestimmte Einkommensgrenze (580,– DM in den alten Ländern, 480,– DM in den neuen Ländern für 1995) nicht überschreitet. Ist das Familienmitglied selbständig erwerbstätig oder hat es sich von der Versicherungspflicht befreien lassen, kann es nicht familienversichert werden. Im Ergebnis zahlt also der Vater dreier Kinder mit einer geringfügig beschäftigten Ehefrau denselben Krankenversicherungsbeitrag wie ein Lediger. Mit anderen Worten: Die Solidargemeinschaft der Versicherten hat einen **Familienlastenausgleich** mitzutragen.

Mitversicherung von Kindern

Kinder sind grundsätzlich bis zum 18. Lebensjahr, **nicht erwerbstätige Kinder** bis zum **23. Lebensjahr** und **in Schulausbildung befindliche Kinder**

bis zum **25. Lebensjahr** familienversichert. Zu den Kindern zählen auch **Stiefkinder** und **Enkel**, wenn sie das Mitglied überwiegend unterhält; gleiches gilt für Pflegekinder. Wenn aber der andere Elternteil nicht in der gesetzlichen Krankenversicherung versichert ist und sein Jahresgesamteinkommen die Jahresarbeitsentgeltgrenze überschreitet, sind die Kinder nicht familienversichert. Für **behinderte Kinder** gibt es grundsätzlich **keine Altersgrenze.**

4. Mitgliedschaft in der gesetzlichen Krankenversicherung

Wie wird man Mitglied?

Wer krankenversicherungspflichtig ist oder der Krankenkasse freiwillig beitritt, wird grundsätzlich auch ihr **Mitglied** und hat damit den **vollen Versicherungsschutz**. Die Mitgliedschaft ist **schriftlich** zu erklären, **bestimmte Fristen** sind einzuhalten, um von Anfang an den Versicherungsschutz zu erhalten. So sollen **Arbeitnehmer** den Beitritt **innerhalb von 2 Wochen** nach Aufnahme des Beschäftigungsverhältnisses erklären und dies dem Arbeitgeber mitteilen. Für versicherungspflichtige **Studenten** beginnt die Mitgliedschaft mit dem **Semester**, frühestens mit dem **Tage** der **Einschreibung** oder der **Rückmeldung** an der Hochschule, wenn der Beitritt einen Monat danach erklärt wird. Über die Formalien und den Beitritt berät jede gesetzliche Krankenkasse.

Wie hoch ist der Beitrag?

Die Höhe des Beitrages hängt zunächst davon ab, ob man pflichtversichert oder freiwillig Versicherter ist und wie hoch der Beitragssatz gerade in dieser Krankenkasse ist. Der **Beitragssatz** ist der **Prozentsatz** der beitragspflichtigen Einnahmen, also in der Regel **von Lohn oder Gehalt**. Höchstens wird aber das Einkommen bis zur **Beitragsbemessungsgrenze** zugrunde gelegt. Der einzelne Beitragssatz schwankt von Krankenkasse zu Krankenkasse. Der **durchschnittliche Beitragssatz** lag im Jahre 1993 bei **13,4 %**. Diesen Beitrag bringen Arbeitnehmer und Arbeitgeber grundsätzlich zur Hälfte auf. Für die Bemessung der Beiträge der freiwillig Versicherten sind auch sonstige Einnahmen wie Zinseinnahmen und Versorgungsbezüge, aber auch Mieteinnahmen zu berücksichtigen. Wer andererseits nur monatlich 1.550,– DM (alte Länder) bzw. 1.150,– DM (neue Länder) monatlich verdient, zahlt einen **Mindestbeitrag** von durchschnittlich 185,– DM (alte Länder) bzw. 131,– DM (neue Länder) im Monat des Jahres 1995.

Der **Beitrag freiwillig versicherter Selbständiger** richtet sich nach der **monatlichen Beitragsbemessungsgrenze**. Auch Studenten nach Vollendung des 30. Lebensjahres bzw. nach Abschluß des 14. Fachsemesters können sich freiwillig versichern lassen, müssen aber dann einen höheren Mindestbeitrag nach Höhe des Einkommens entrichten. Die beitragsgünstigste Krankenversicherung der Studenten verlangt zur Zeit einen Beitrag von 74,73 DM im Monat bzw. ca. 58,– DM im Monat in den neuen Bundesländern.

Gibt es eine Beitragsrückgewähr?

Die aus der privaten Krankenversicherung bekannte Möglichkeit der **Beitragsrückgewähr** ist nun auch in der gesetzlichen Krankenversicherung, jedenfalls im **Modellversuch** eingeführt, um einen Anreiz zu schaffen, die Krankenversicherung nicht als Selbstbedienungsladen zu betrachten. Bis zu einem Monatsbeitrag wird erstattet, wenn die Krankenversicherung nicht oder nur mit geringer Leistung in Anspruch genommen worden ist. Dabei werden aber Leistungen für Kinder ebensowenig wie die **Leistungen** in der **Schwangerschaft** und **Mutterschaft** und die Leistungen zur **Förderung** der **Gesundheit** sowie zur **Verhütung** und **Früherkennung** von Krankheiten (Ausnahme Vorsorgekuren) bewertet. Die Inanspruchnahme dieser Leistungen gefährdet die Beitragsrückerstattung nicht.

Nach welchem Maßstab wird versichert?

Wirtschaftlichkeitsgebot

Oberster Grundsatz der Leistungsgewährung ist der Grundsatz, daß sich sämtliche Leistungen nach dem **Wirtschaftlichkeitsgebot** zu richten haben. Die **Leistungen** müssen **ausreichend**, **zweckmäßig** und **wirtschaftlich** sein und dürfen das **Maß** des **Notwendigen nicht überschreiten**. Da die Leistungen aus den Beiträgen der Versicherten bezahlt werden müssen, geht es nicht an, daß unnötige oder unwirtschaftliche Leistungen bezahlt werden. Verordnet also ein Arzt eine nicht zweckmäßige oder unwirtschaftliche Therapie, hat die Krankenkasse darauf zu achten, daß diese Therapie nicht bezahlt wird. Übersieht dies die Krankenkasse, muß die zuständige Aufsichtsbehörde Sorge dafür tragen, daß das Wirtschaftlichkeitsgebot doch noch beachtet wird. Im Einzelfall muß der Arzt gegenüber der Kassenärztlichen Vereinigung bzw. der Krankenkasse begründen, warum die von ihm verordnete Therapie erforderlich ist. Die technischen Möglichkeiten der Überprüfung der Quartalsabrechnungen der Ärzte durch Computer gewährleisten heute ein weitgehendes **Kontrollsystem**, das Leistungsmißbrauch durch den Patienten, aber auch Abrechnungsbetrug offenlegen kann. Jedes Jahr fallen weit über eine Milliarde Krankenrechnungen an. Aus diesem Grunde ist seit dem 1.1.1995 der Krankenschein durch die **Krankenversicherungskarte** abgelöst. In Hessen, Baden-Württemberg und Thüringen ist die Krankenversicherungskarte bereits zum 1.1.1994, in Bayern, Rheinland-Pfalz und dem Saarland zum 1.4.1994, in NRW ab 1.7.1994, in Bremen, Hamburg, Mecklenburg-Vorpommern, Niedersachsen und Schleswig-Holstein zum 1.10.1994 eingeführt worden. Der Arzt steckt die Karte in ein Lesegerät, anschließend in einen Rezeptvordruck, einmal im Quartal wird ein Abrechnungsschein ausgedruckt. Zur **weiteren** effizienten **Kontrolle** hat der Gesetzgeber die Möglichkeit geschaffen, daß ab dem 1.1.1996 **alle Versicherten Auskunft** über die von ihnen in Anspruch genommenen **Leistungen** und die damit verbundenen Kosten verlangen können, ohne daß die Ärzte hiervon unterrichtet werden.

Inanspruchnahme der Leistungen im Inland und in Ländern der EG

Der Patient kann die Leistungen grundsätzlich nur in **Deutschland** in Anspruch nehmen, zum Beispiel nicht in den USA. Hier kann Versicherungsschutz nur durch eine private **Auslandskrankenversicherung** erreicht werden. Allerdings bestehen Abkommen mit allen Ländern der **Europäischen Gemeinschaft**, ferner mit **Finnland**, **Österreich**, **Rumänien**, **Schweden**, **Schweiz**, **Türkei** und **Tunesien**. Etwas anderes gilt, wenn eine Behandlung dieser speziellen Krankheit nur außerhalb der Bundesrepublik möglich ist. Sonderregelungen gibt es auch für Arbeitnehmer, die vorübergehend für ihren Arbeitgeber im Ausland beschäftigt sind. Sie erhalten die Kassenleistungen von ihrem Arbeitgeber, der sie in bestimmter Höhe wieder von der Krankenkasse erstattet verlangen kann.

Selbstbeteiligung des Versicherten

Leistungen werden nicht unbeschränkt gewährt, auch eine **Selbstbeteiligung** der Versicherten kommt bei bestimmten Leistungen in Betracht, damit der Versicherte durch seine Selbstbeteiligung zu einer verantwortungs- und maßvollen Inanspruchnahme der Leistungen bestimmt wird. Bisher kennt die gesetzliche Krankenversicherung die Zuzahlung bei Arznei-, Verbands- und Heilmitteln, bei Krankenhausaufenthalten und stationären Vorsorge- und Rehabilitationsleistungen, bei der Versorgung mit Zahnersatz und auch bei den Fahrtkosten. Durch eine Sozialklausel kann diese Selbstbeteiligung bei niedrigem Einkommen ganz oder teilweise entfallen.

Leistungsausgrenzung

Neben der Selbstbeteiligung greift der Gesetzgeber inzwischen auch zum Instrument der **Leistungsausgrenzung,** um die Kostenexplosion zu dämpfen. So werden beispielsweise Erkältungsmittel, Abführmittel und Mittel gegen Reisekrankheiten nicht erstattet. Kieferorthopädische Leistungen sind bei Erwachsenen nur noch bei schweren Kieferfehlbildungen leistungspflichtig.

5. Die Leistungen in der gesetzlichen Krankenversicherung

Überblick

Gesetzliche Leistungsansprüche

Alle gesetzlichen Krankenkassen gewähren grundsätzlich nach **gleichen Grundsätzen** und ohne Rücksicht auf den Status des Versicherten (Mitglied, Familienangehöriger oder Rentner) die gleichen Leistungen. Im wesentlichen können sich nur bei den Leistungen zur Gesundheitsförderung Unterschiede zwischen den einzelnen gesetzlichen Krankenkassen ergeben. Das Gesetz zählt folgende Leistungsansprüche auf:

- zur Förderung der Gesundheit
- zur Verhütung von Krankheiten
- zur Früherkennung von Krankheiten
- zur Behandlung einer Krankheit
- bei Schwerpflegebedürftigkeit.

Weitere Leistungen

Daneben gibt es noch die Leistungen der gesetzlichen Krankenkassen bei **Schwangerschaft** oder Mutterschaft, Leistungen zur **Rehabilitation** oder sonstige **begleitende Maßnahmen** aus medizinischen Gründen, zum Beispiel die Mitaufnahme einer Begleitperson des Versicherten bei Krankenhausbehandlung.

Für Leistungen aufgrund eines **Arbeitsunfalles** oder einer **Berufskrankheit** sind demgegenüber die gesetzlichen Unfallversicherungen zuständig, für **berufsfördernde** und **Berufswiedereingliederungsmaßnahmen** entweder die gesetzliche Rentenversicherung, die Unfallversicherung oder die Arbeitslosenversicherung.

Versicherungsschutz

In noch größerem Maße als die privaten Krankenversicherer gewährt die gesetzliche Krankenversicherung umfassenden Versicherungsschutz für vorbeugende, früherkennende und krankheitsverhütende Maßnahmen.

Dienst- oder Sachleistungen

Grundsätzlich erbringt die gesetzliche Krankenversicherung die Leistungen als **Dienst-** oder **Sachleistungen**, so daß der Versicherte – ausgenommen die Zuzahlungen bei »Festbeträgen« – selbst keine Zahlungen zu leisten braucht. Allerdings können freiwillige Mitglieder statt dessen den Weg der Kostenerstattung wählen, wobei aber Abzüge für Verwaltungskosten und die bei dieser Leistungsart nicht notwendigen Wirtschaftlichkeitsprüfungen gemacht werden.

Aufklärungspflichten

Daneben haben die Krankenkassen die Aufgabe, die Versicherten über ihre Rechte und Pflichten aufzuklären und zu beraten sowie über alle Sozialangelegenheiten Auskunft zu erteilen.

Wahlrecht der Versicherten

Da ab 1.1.1996 das allgemeine Kassenwahlrecht für alle Versicherten der gesetzlichen Krankenversicherung eingeführt wird und die Versicherten somit selbst entscheiden können, bei welcher Krankenkasse sie versichert sind, werden in Zukunft die **Sonderleistungen** der einzelnen Krankenkassen, insbesondere im Bereich der Vorsorge, aber auch der Beratungs- und Kundenservice von besonderer Bedeutung sein, da die jetzt noch vorhandenen großen Unterschiede bei den Beitragssätzen durch einen kassenübergreifenden Ausgleich ab 1994/1995 beseitigt werden. Die **Beitragssätze** werden sich also bei den einzelnen Krankenkassen in der Regel **anpassen**. Der Versicherte kann daher seine Wahl der Krankenkasse auf die satzungsmäßigen

Sonderleistungen, den Beitragssatz und die umfassende Kundenberatung ausrichten.

Leistungen von A – Z

Die gesetzlichen Krankenversicherungen kennen anders als die privaten Krankenversicherungen **keine Wartezeiten** und keinen Ausschluß von Vorerkrankungen. Die Mitglieder und die familienversicherten Angehörigen haben vom ersten Tag der Mitgliedschaft an Anspruch auf die **vollen** Leistungen, wie sie gesetzlich und in der Satzung der einzelnen Krankenkasse festgelegt sind. Wer sich einen umfassenden Überblick verschaffen will, kann sich von seiner Krankenkasse einen entsprechenden Satzungsauszug geben lassen. Wegen der Vielfalt der Leistungen empfiehlt sich ein Überblick von A – Z:

▸ Ärztliche Behandlung

Zugelassener Arzt

Die ärztliche Behandlung wird durch **Vertragsärzte** und andere Personen gewährt, soweit sie vom Arzt überwacht werden. **Nicht zugelassene** Ärzte, aber auch **Heilpraktiker** können grundsätzlich zu Lasten der Krankenkasse **keine** ärztlichen Leistungen erbringen oder Arznei-, Hilfs- oder Heilmittel verordnen. Auch Leistungen, die nicht wegen einer Krankheit erforderlich sind, zum Beispiel **kosmetische Operationen**, unterliegen **nicht** der Leistungspflicht der gesetzlichen Krankenversicherung. Anders ist dies, wenn die kosmetische Operation erforderlich ist, um psychische Störungen zu beseitigen. Die gesetzliche Krankenversicherung bezahlt auch ausnahmsweise vertragsärztliche Leistungen nach einer nicht allgemeinwissenschaftlich anerkannten Heilmethode, wenn andere Behandlungsmöglichkeiten nicht zur Verfügung stehen oder diese alternative Behandlung zum Erfolg führen kann (zum Beispiel Maßnahmen bei Krebs oder Aids).

Der Vertragsarzt überweist, falls erforderlich, den Versicherten an einen **Facharzt** oder in ein **Krankenhaus**. Der Versicherte kann aber auch direkt einen Facharzt aufsuchen.

Budgetierung

Durch die Budgetierung der **Gesamtvergütung** der Vertragsärzte will der Gesetzgeber die ärztlichen Leistungen und Verordnungen beeinflussen. So sind für die ambulanten Operationsleistungen und die Vorsorgeleistungen für Mütter, Kinder und Krebsvorsorge gesonderte Budgets festgesetzt, damit diese Leistungen stärker als bisher in Anspruch genommen werden können. Demgegenüber sollen die allgemeinen Leistungen, insbesondere die **diagnostischen Leistungen** der Ärzte **begrenzt** werden. Durch die Gliederung in eine hausärztliche und eine fachärztliche Versorgung kann die hausärztliche Tätigkeit aufgewertet werden, während Laborleistungen gekürzt werden sollen. Bis 1995 sollen Hausärzte fallbezogene Grundvergütungen erhalten. Ob durch diese Maßnahmen die Arbeit des Hausarztes wirtschaftlich aufgewertet werden kann, muß noch abgewartet werden.

▸ Arzneimittel

Kostentragung

Die gesetzliche Krankenversicherung zahlt die Kosten der vom Vertragsarzt verordneten und verordnungsfähigen Arzneimittel und Verbandsmittel. Die Höhe der Kostenübernahme durch die Krankenkasse hängt davon ab, ob für das Arzneimittel ein **Festbetrag** besteht. Der Festbetrag, der erstmals durch das Gesundheitsreformgesetz im Jahre 1989 eingeführt worden ist, soll für die Versicherten einen Anreiz bieten, **preisgünstige** Mittel in Anspruch zu nehmen. Wenn der Verkaufspreis höher ist, muß der Versicherte den Differenzbetrag zwischen dem Festbetrag und dem Abgabepreis selbst zahlen.

Höhe des Eigenanteils

Von der Leistung der Krankenkasse ist eine zu jedem Mittel zu leistende **Zuzahlung**, auch Eigenanteil genannt, abzuziehen. Vom 1.1.1994 an richtet sich die Zuzahlung allein nach der Packungsgröße und beträgt entweder 3,– DM, 5,– DM oder 7,– DM für die kleine, mittlere bzw. große Packung. Die Arzneimittelhersteller sind verpflichtet, die entsprechende Zuzahlungsstufe N 1, N 2 oder N 3 auf der Packung zu kennzeichnen. Für **Rezeptarzneimittel**, die also in der Apotheke hergestellt werden, und für **Verbandsmittel** wird die Zuzahlungsstufe 1 erhoben. Die Zuzahlung ist auch für die sogenannten **Festbetragsarzneimittel** zu leisten, die bisher von der Rezeptblattgebühr befreit waren. Wenn der Preis des Arzneimittels über dem Festbetrag liegt, ist für die Höhe der Zuzahlung, also 3,–, 5,– oder 7,– DM, der Festbetrag maßgebend. In diesen Fällen muß der Versicherte zusätzlich zu der Zuzahlung die Differenz zwischen dem Festbetrag und dem Preis des Arzneimittels bezahlen. Aber bei fast 80% der Festbetragsarzneimittel liegt der Preis so, daß nichts zusätzlich zubezahlt werden muß. Mit dieser Regelung sollen also Ärzte und Versicherte angehalten werden, daß ein Medikament zum Festbetrag oder darunter verordnet wird. Die unterschiedliche Zuzahlung nach der Packungsgröße soll verhindern, daß zu große Packungen verordnet werden.

Zuzahlungsbefreiung

Versicherte **bis zur Vollendung** des **18. Lebensjahres** brauchen **keine** Zuzahlung zu leisten. Eine

Zuzahlung entfällt auch für Verordnungen bei **Schwangerschaftsbeschwerden** und im Zusammenhang mit der Entbindung, ferner bei **Kriegs- und Wehrdienstleiden**. In **Härtefällen** kann sich der Versicherte vollständig oder teilweise von der Zuzahlung befreien lassen. Die Härtefallregelung sorgt dafür, daß geringverdienende Versicherte und chronisch Kranke und Familien alle notwendigen Medikamente erhalten, ohne wirtschaftlich überfordert zu werden. So sind die Bezieher von Sozialhilfe, Arbeitslosenhilfe, Kriegsopferfürsorge, Ausbildungsförderung vollständig befreit, im übrigen richtet sich die Befreiung nach dem monatlichen Bruttoeinkommen oder der notwendigen Medikamentenmenge bei chronisch Kranken. Auch bei dieser Härtefallklausel zeigt sich wieder, daß die Gesamtheit der Versicherten ihren Beitrag zur Stärkung der sozial Schwachen zu leisten hat.

▶ Brillen/Kontaktlinsen

Die Versicherten haben Anspruch auf Versorgung mit **Seh- und Hörhilfen**, Körperersatzstücken, orthopädischen und anderen Hilfsmitteln, es sei denn, diese sind als Gebrauchsgegenstände des täglichen Lebens anzusehen oder durch Gesetz von der Kostenübernahme ausgeschlossen.

Eingeschränkt ist die Leistungspflicht der Krankenkassen im Bereich der Sehhilfen. **Kontaktlinsen** werden nur in medizinisch notwendigen Fällen bezahlt. Versicherte ab dem 14. Lebensjahr haben einen erneuten Anspruch auf Sehhilfen nur bei einer Veränderung der Sehfähigkeit von mindestens 0,5 Dioptrien. Die Kosten eines Brillengestells werden von der Krankenkasse mit einem Zuschuß von 20,– DM vergütet, es sei denn ein noch niedrigerer Festbetrag ist vereinbart.

▶ Chronische Krankheiten

Chronisch Kranke erhalten ihre Leistungen im Rahmen der gesetzlichen Leistungen; eine **Sonderregelung** für chronisch Kranke hat das Gesundheitsstrukturgesetz **nicht** aufgenommen. Es bleibt also bei den Härtefallregelungen. Die sogenannte **»Überforderungsklausel«** schützt **chronisch Kranke**, deren Einkommen die »Sozialklausel« übersteigt, vor unzumutbaren Belastungen. Übersteigen also die Zuzahlungen aller Familienangehörigen für Arznei-, Verbands- und Heilmittel sowie Fahrtkosten die jährliche Belastungsgrenze, erstattet die gesetzliche Krankenkasse nach Ablauf des Kalenderjahres den darüber hinausgehenden Betrag. Bei regelmäßig hohen Zuzahlungen und Fahrtkosten kann auch schon vorher eine frühzeitige Befreiung beantragt werden. Die Belastungsgrenze beträgt bei jährlichen Familien-Bruttoeinnahmen bis zu 68.400,– DM z.Zt. 2 % dieser Einnahmen, bei höheren Einkünften 4 % dieser Einnahmen.

▶ Fahrtkosten

Die gesetzliche Krankenkasse übernimmt Fahrtkosten oder einen Teil davon nur, wenn die Notwendigkeit der **Krankenfahrt** durch den Arzt bestätigt wird.

Erstattungsfähige Fahrten

Bei Fahrten zu einer stationären Behandlung oder einer Rettungsfahrt zum Krankenhaus, unabhängig von stationärer Behandlung, übernimmt die Krankenkasse den 20,– DM übersteigenden Fahrtkostenanteil. Das gleiche gilt für Fahrten von Versicherten, die während der Fahrt einer fachlichen Betreuung oder der besonderen Einrichtung eines Krankenkraftwagens bedürfen oder bei denen dies zu erwarten ist. Für andere Fahrten von Versicherten zu einer ambulanten Krankenbehandlung oder vor- und nachstationären Behandlung oder einer ambulanten Operation im Krankenhaus ist Voraussetzung für die anteilige Fahrtkostenerstattung, daß dadurch eine an sich gebotene vollstationäre oder teilstationäre Krankenhausbehandlung vermieden oder verkürzt wird oder diese nicht ausführbar ist.

Versicherte, die unter die **Härteregelungen** fallen, brauchen auch den Eigenanteil von 20,– DM nicht zu bezahlen. Für diesen Personenkreis kann sogar eine medizinisch notwendige Fahrt zu einer ambulanten Behandlung erstattungsfähig sein.

Anerkennungsfähige Fahrtkosten

Anerkennungsfähige Fahrtkosten sind zunächst die Kosten der **öffentlichen Verkehrsmittel**, aber auch **Taxi-** oder **Mietwagenkosten**, wenn ein öffentliches Verkehrsmittel nicht benutzt werden kann, ferner die Kosten der **Kranken-** oder **Rettungswagen**, wenn aus medizinischen Gründen Bus oder Taxi oder Mietwagen nicht benutzt werden können. Bei der Benutzung des privaten Kraftfahrzeuges gelten die Erstattungssätze des Bundesreisekostengesetzes, höchstens jedoch die Kosten, die durch die Inanspruchnahme eines im Einzelfall anerkannten Verkehrsmittels entstanden wären.

▸ Früherkennungsmaßnahmen

Die gesetzliche Krankenkasse fördert Maßnahmen zur Früherkennung von Krankheiten in Form von **Gesundheitsuntersuchungen** für Erwachsene und Kinderuntersuchungen.

Einmal jährlich kann der Versicherte, und zwar Frauen vom Beginn des 20. Lebensjahres und Männer vom Beginn des 45. Lebensjahres an, **Krebsvorsorgeuntersuchungen** beanspruchen.

Jedes zweite Jahr können Frauen und Männer nach Vollendung des 35. Lebensjahres eine ärztliche Gesundheitsuntersuchung zur Früherkennung von **Herz-**, **Kreislauf-** und **Nierenerkrankungen** sowie der **Zuckerkrankheit** in Anspruch nehmen.

Versicherte Kinder können bis zur Vollendung des 6. Lebensjahres die 9 Untersuchungen zur **Früherkennung von Krankheiten**, die ihre körperliche oder geistige Entwicklung in nicht geringfügigem Maße gefährden, in Anspruch nehmen.

▶ Heil- und Hilfsmittel

Heilmittel sind auch weiterhin trotz der notwendigen Budgetierung und Kostenbegrenzung ein wichtiger Bestandteil der ärztlichen Therapie. Hierzu zählen **Massagen**, **Bäder**, **Krankengymnastik**, aber auch Sprach- und Beschäftigungstherapie. Unter die Hilfsmittel können beispielsweise auch Bettgalgen, **Brustprothese**, Duschsitz, Fernseh-Lesegerät, Gehgestell, **orthopädische Schuhe**, **Rollstühle** fallen. Zu den nicht erstattungsfähigen Gebrauchsgegenständen des täglichen Lebens gehören zum Beispiel Angorawäsche, Wärmflaschen oder Fieberthermometer. Vor dem Kauf teurer Hilfsmittel sollte also in jedem Fall die Krankenkasse um Auskunft gebeten werden. Alle Versicherten ab Vollendung des 18. Lebensjahres müssen 10% der Kosten selbst tragen, es sei denn, die mehrfach erwähnten Sozial- und Überforderungsklauseln ermöglichen **Kostenfreiheit**.

Für Hilfsmittel sind, weil zweckmäßig, **Festbeträge** eingeführt worden, und zwar nicht nur für die Brillen und Hörgeräte, sondern auch für Rollstühle und Prothesen. Ausgenommen sind aber die Hilfsmittel, die als Sonderanfertigung für Schwer- und Schwerstbehinderte verschrieben werden, was sich insbesondere bei Prothesen auswirkt.

▶ Hörgeräte

Bei **Hörgeräten** richten sich die Festbeträge nach dem unterschiedlichen Grad der Hörschädigung. Durch die Einführung der Festbeträge sind die Preise für Hörgeräte inzwischen deutlich gesunken.

Die Krankenkasse leistet jedoch nicht für die Kosten der **Batterien**. Eine Sonderregelung gilt für hörgeschädigte Kinder und Jugendliche bis zur Vollendung des 18. Lebensjahres. Hier werden die Kosten der notwendigen Batterien im Rahmen von Festbeträgen erstattet, da häufig nicht wiederaufladbare Batterien genommen werden können. Da hier häufig auch beide Ohren mit einem Hörgerät versorgt werden, gelten besondere Festbeträge.

▶ Krankengeld

Anspruchsvoraussetzungen

Die Krankenkasse zahlt ihrem Versicherten **Krankengeld**, wenn infolge Arbeitsunfähigkeit Arbeitslohn, Gehalt oder Einkommen entfällt. Das Krankengeld hat also Einkommensersatzfunktion und steht grundsätzlich den Pflichtversicherten zu. Freiwillig in der gesetzlichen Krankenversicherung Versicherte können je nach Satzung der Krankenkasse Anspruch auf Krankengeld haben.

Nach Ablauf der gesetzlichen oder tarifvertraglichen Lohnfortzahlung wird das Krankengeld bei Arbeitsunfähigkeit infolge Krankheit bzw. bei stationärer Behandlung zu Lasten der Krankenkasse in einem Krankenhaus, einer Vorsorge- oder Rehabilitationseinrichtung gezahlt.

Keinen Anspruch auf Krankengeld haben Studenten, Berufspraktikanten, Familienversicherte, Bezieher von Rente wegen Erwerbsunfähigkeit oder von Vollrente wegen Alters aus der gesetzlichen Rentenversicherung, Teilnehmer an berufsfördernden Maßnahmen und Mitglieder, die in Einrichtungen der Jugendhilfe für eine Erwerbstätigkeit befähigt werden sollen.

Daneben zahlen Krankenkassen seit dem 1.1.1992 für jedes Kind bis zu 10 Arbeitstage (**Alleinerziehende** 20 Arbeitstage) in jedem Kalenderjahr Krankengeld an Versicherte, die durch ärztliches Attest nachweisen, daß sie zur **Beaufsichtigung, Betreuung** oder **Pflege** ihres **erkrankten** und **versicherten** Kindes der Arbeit fernbleiben müssen, wenn eine andere im Haushalt lebende Person das Kind nicht betreuen kann und das Kind noch nicht das 12. Lebensjahr vollendet hat. Je versicherter Elternteil können im Kalenderjahr nicht mehr als 25 Arbeitstage (Alleinerziehende maximal 50 Arbeitstage) beansprucht werden.

Höhe des Krankengeldes

Die Höhe des Krankengeldes beträgt 80% des zuvor erzielten regelmäßigen Arbeitsentgelts und Arbeitseinkommens, soweit es der Beitragsberechnung unterliegt.

Allerdings darf es das entsprechende Nettoarbeitsentgelt nicht übersteigen. Nach Ablauf eines Jahres wird das Krankengeld entsprechend der Rentenanpassung erhöht.

Dauer der Krankengeldzahlung

Das Krankengeld wird **pro Kalendertag** berechnet und während der Mitgliedschaft ohne zeitliche Begrenzung gezahlt, allerdings für den Fall der Arbeitsunfähigkeit wegen derselben Krankheit längstens für 78 Wochen innerhalb von je drei Jahren. Vielmehr wird nach längerer Arbeitsunfähigkeit auch eine Berufs- oder Erwerbsunfähigkeitsrente gezahlt, die das Krankengeld entfallen läßt. Während der Zahlung des Krankengeldes bleibt die Mitgliedschaft in der gesetzlichen Krankenversicherung beitragsfrei.

Ruhen des Anspruchs

Der Anspruch auf Krankengeld ruht, solange die **Arbeitsunfähigkeit** der Krankenkasse **nicht gemeldet** wird, ferner, soweit und solange das Mitglied ein beitragspflichtiges Arbeitsentgelt oder Arbeitseinkommen **bezieht**, schließlich – von Ausnahmen abgesehen – solange der Versicherte Erziehungsurlaub nach dem Bundeserziehungsgeldgesetz erhält. Der Krankengeldanspruch ruht auch, soweit und solange das Mitglied Mutterschaftsgeld, Versorgungskrankengeld, Verletztengeld, Übergangsgeld, Arbeitslosengeld, Arbeitslosenhilfe, Unterhaltsgeld, Kurzarbeitergeld und Schlechtwettergeld bezieht oder einer Sperrfrist nach dem Arbeitsförderungsgesetz unterliegt.

Für Empfänger von Arbeitslosengeld, Arbeitslosenhilfe und Unterhaltsgeld gibt es weitere Sondervorschriften zur Höhe des Krankengeldes und zur Höhe der Beitragszahlung zur Renten- und Arbeitslosenversicherung, die bei den zuständigen Stellen erfragt werden sollten.

▶ Krankenhaus

Festpreise

Die **Krankenhauskosten** betragen jährlich über 50 Milliarden DM und sind damit der größte Ausgabeposten der gesetzlichen Krankenversicherung. Ein Tag im Krankenhaus kostet im Durchschnitt rd. 360,– DM, in Einzelfällen bis 600,– DM. Neben der bereits angesprochenen **Budgetierung** wird deshalb der heutige Pflegesatz ab 1995/1996 schrittweise durch **leistungsorientierte** und **pauschalierte Vergütungen**, sogenannte Sonderentgelte und Fallpauschalen abgelöst. So wird es beispielsweise einen Festpreis für eine Gallenoperation geben, der landesweit festgelegt ist.

Kürzung der Verweildauer

In Zukunft dürfen auch Krankenhäuser vor- und nachstationär behandeln, vorstationär drei Behandlungstage innerhalb von 5 Tagen, nachstationär weitere 7 Tage. Durch diese Maßnahme soll die Verweildauer ebenso gekürzt werden wie durch die Erlaubnis an Krankenhäuser, in Zukunft bestimmte Operationen auch ambulant durchzuführen.

Zuzahlungsregelung

Der Versicherte leistet seinen Beitrag zur Senkung der Krankenhauskosten durch die neue **Zuzahlungsregelung**. Seit dem 1.1.1994 beträgt die Zuzahlung für Erwachsene in den ersten 14 Tagen in den alten Ländern 12,– DM, in den neuen Ländern 9,– DM pro Tag. **Kinder** und **Jugendliche** unter 18 Jahren sind von der **Zuzahlung befreit**. Die Zuzahlung trifft auch stationäre Kuren, hier allerdings ohne zeitliche Begrenzung. Die Zuzahlung ist dabei wieder auf 14 Tage im Kalenderjahr begrenzt, wenn die stationäre Rehabilitationskur der Krankenhausbehandlung vergleichbar ist.

Tip

Sprechen Sie mit Ihrem Arzt im Krankenhaus, ob nicht eine **teilstationäre Behandlung** in Betracht kommt, damit die Zuzahlung entfällt.

Wahlfreiheit des Versicherten

Der Versicherte hat die freie Wahl unter den in der Krankenhauseinweisung genannten Krankenhäusern. Bei der Wahl eines anderen Krankenhauses können **etwaige Mehrkosten** vom Versicherten **zurückverlangt** werden, hiervon wird in der Praxis jedoch selten Gebrauch gemacht. Es empfiehlt sich in jedem Falle, die Wahl eines anderen Krankenhauses mit der **Krankenkasse abzusprechen**. Im übrigen werden die Kosten medizinisch notwendiger Krankenhausbehandlung ohne eine zeitliche Begrenzung von der Krankenkasse bezahlt.

▶ Kuren

Ambulante Kuren

Die Krankenkasse zahlt, wenn eine ambulante Behandlung, zum Beispiel am Wohnort, nicht ausreicht, die Krankheit zu heilen, auch ambulante **Rehabilitationskuren**, sogenannte »offene Badekuren«. Alle drei Jahre können **ambulante** Kuren für längstens 4 Wochen von den Kassen bezahlt werden, es sei denn, eine vorzeitige Wiederholung ist aus gesundheitlichen Gründen dringend erforderlich. Die gesetzliche Krankenkasse übernimmt die vollen **Kosten** der ärztlichen Behandlung und 90% der Kosten für Heilmittel. Über diese 10%ige Zuzahlung hinaus können auch Zuzahlungen für Arznei- und Verbandsmittel anfallen. Zu den übrigen Kosten der Kur, also Unterbringung und Verpflegung, Fahrtkosten, Kurtaxe usw., kann die Satzung der Krankenkasse einen Zuschuß bis zu 15,– DM pro Tag vorsehen.

Stationäre Kuren

Wenn eine ambulante Kur nicht ausreicht, kann die Krankenkasse auch eine **stationäre** Kur bewilligen. Hier übernimmt die Krankenkasse auch die **Kosten** für die Unterbringung und Verpflegung bei einer Zuzahlung von 12,– DM in den alten und 9,– DM in den neuen Ländern vom 1.1.1994 an. Die Zuzahlungsdauer ist nur auf 14 Tage im Kalenderjahr begrenzt, wenn die stationäre Kur der Krankenhausbehandlung vergleichbar ist. Auch hier gilt wieder die Altersgrenze ab 18 Jahren und die Möglichkeit der Befreiung durch die Sozialklausel.

Andere Kuren

Auslandskuren werden von den gesetzlichen Krankenkassen grundsätzlich nicht bezahlt.

Über Rehabilitationskuren hinaus können auch **Müttergenesungskuren** grundsätzlich für 4 Wochen bezahlt werden, wobei auch Verlängerungen möglich sind. Kuren für Mütter sind in Einrichtungen des Müttergenesungswerkes oder gleichartigen Einrichtungen möglich. Bei ärztlicher Verordnung kann die Leistung auch in Form einer Mutter-Kind-Kur erbracht werden.

▶ Mutterschaft/Schwangerschaft

Leistungsumfang

Weibliche Versicherte haben bei **Schwangerschaft** und **Mutterschaft** Anspruch auf ärztliche Betreuung einschließlich der regelmäßigen **Vorsorgeuntersuchungen, Hebammenhilfe, Versorgung** mit Arznei-, Verbands- und Heilmitteln ohne Zuzahlung, **stationäre Entbindung**, auch für die Zeit nach der Entbindung bis zu 6 Tagen ohne Zuzahlung, erforderliche häusliche **Pflege** und **Haushaltshilfe**, soweit der Versicherten wegen ihrer Schwangerschaft oder der Entbindung die Weiterführung des Haushalts nicht möglich ist und eine andere im Haushalt lebende Person den Haushalt nicht weiterführen kann.

Mutterschaftsgeld

Während des Zeitraums 6 Wochen vor der Entbindung und 8 Wochen nach der Entbindung (bei Mehrlings- und Frühgeburten 12 Wochen) besteht Anspruch auf **Mutterschaftsgeld**. Hierfür ist **Voraussetzung**, daß die Versicherte bei Arbeitsunfähigkeit Anspruch auf Krankengeld hat oder wegen der Schutzfristen nach dem Mutterschutzgesetz kein Arbeitsentgelt gezahlt wird, weil sie vom Beginn der Schwangerschaft bis zum Ende des 4. Monats vor der Entbindung mindestens 12 Wochen Mitglied der gesetzlichen Krankenversicherung war oder in einem Arbeitsverhältnis stand.

Das Mutterschaftsgeld kann also in Höhe des **Nettolohnes, höchstens** jedoch **25,– DM je Kalendertag**, zuzüglich Arbeitgeberzuschuß oder in

Höhe des Krankengeldes gezahlt werden. Während der Zahlung des Mutterschaftsgeldes bleibt die Mitgliedschaft in der gesetzlichen Krankenversicherung beitragsfrei.

Entbindungsgeld

Wer die Voraussetzungen für das Mutterschaftsgeld nicht erfüllt, erhält ein **einmaliges Entbindungsgeld** in **Höhe** von **150,– DM**. Die geringfügig Beschäftigte kann das Mutterschaftsgeld bei dem Bundesversicherungsamt Berlin geltend machen.

Weitere Leistungen

Der Leistungskatalog der gesetzlichen Krankenversicherung sieht auch noch 4 weitere Hilfen vor, nämlich

- **ärztliche Beratung** über Fragen der **Empfängnisregelung**,
- ärztlich verordnete **Verhütungsmittel** für Versicherte bis zum vollendeten 20. Lebensjahr,
- alle erforderlichen Leistungen bei einer nicht rechtswidrigen **Sterilisation** bzw. nicht rechtswidrigem **Abbruch** der **Schwangerschaft** durch einen Arzt,
- medizinische Maßnahmen zur **künstlichen Befruchtung**.

Nach einer Grundsatzentscheidung des Bundesverfassungsgerichts braucht die gesetzliche Krankenversicherung alle Leistungen, die in direktem und unmittelbarem Zusammenhang mit einem rechtswidrigen, aber straffreien ambulanten **Schwangerschaftsabbruch** stehen, nicht zu finanzieren. In diesem Fall hat die Schwangere die Kosten des Abbruchs (in den alten Ländern etwa 350,– DM, in den neuen Ländern etwa 280,– DM bei Anwendung des 1,7fachen Gebührensatzes der GOÄ) selbst zu bezahlen.

Tip

In diesem Falle sollte die Patientin darauf achten, daß – insbesondere bei stationärer Behandlung – **nicht zusätzliche Vereinbarungen** über ärztliche Wahlleistungen unterschrieben werden, deren Kosten von der gesetzlichen Krankenkasse nicht übernommen werden.

▶ Pflege (häusliche Krankenpflege, Haushaltshilfe, Hilfe für Schwerpflegebedürftige)
Pflegeleistungen sind bis zum Inkrafttreten der **Pflegeversicherung** (siehe III. *Die neue Pflegeversicherung*, Seite 76ff.) Teil der Leistungen der gesetzlichen Krankenversicherung. **Sach-** und **finanzielle** Leistungen bei häuslicher Pflege sind eine der wichtigsten sozialpolitischen Aufgaben dieses Jahrhunderts. Schätzungen gehen von rd. 1,6 Millionen pflegebedürftigen Personen aus, deren Zahl auch in Zukunft schon wegen der Altersstruktur unserer Bevölkerung ständig zunehmen wird.

Leistungsumfang

Versicherte erhalten neben der **ärztlichen Behandlung** in ihrem Haushalt oder ihrer Familie **häusliche Krankenpflege** durch Pflegekräfte oder eine angemessene **Kostenerstattung** für eine selbst beschaffte Ersatzkraft, wenn Krankenhausbehandlung geboten, aber nicht ausführbar ist oder wenn die stationäre Behandlung durch häusliche Krankenpflege vermieden oder verkürzt werden kann. Die Leistungspflicht der Krankenkasse besteht nur bei **Schwerpflegebedürftigkeit** nach ärztlicher Feststellung und Überprüfung durch den Medizinischen Dienst der Krankenversicherung. Sie liegt vor, wenn sich der Versicherte im Alltag nahezu in allen Lebensbereichen nicht selbst versorgen kann und deshalb auf ständige Hilfe und regelmäßig auch auf hauswirtschaftliche Versorgung durch Dritte angewiesen ist.

Besonderheiten bei Schwerpflegebedürftigkeit

Im Gegensatz zu anderen Leistungen der Krankenkasse besteht der **Leistungsanspruch** bei **Schwerpflegebedürftigkeit** nur, wenn der Versicherte seit der erstmaligen Aufnahme einer Erwerbstätigkeit bis zur Feststellung der Schwerpflegebedürftigkeit mindestens 9/10 der zweiten Hälfte dieses Zeitraums oder mindestens 180 Kalendermonate und in den 60 Monaten vor Feststellung der Schwerpflegebedürftigkeit mindestens 36 Kalendermonate selbst Mitglied der gesetzlichen Krankenkasse oder familienversichert gewesen ist. Im Einzelfall sind die Voraussetzungen mit der Krankenkasse abzuklären.

Grundpflege

Die im Einzelfall notwendige **Grundpflege** und hauswirtschaftliche Versorgung wird durch geeignete Hilfskräfte ausgeübt. Die Aufwendungen werden bis zu 750,– DM je Kalendermonat übernommen und umfassen bis zu 25 Pflegeeinsätze zu je maximal 1 Stunde im Kalendermonat.

Auf Antrag der schwerpflegebedürftigen Versicherten kann auch ein **monatlicher Geldbetrag** von 400,– DM gezahlt werden, wenn die Pflege durch eine geeignete Pflegeperson in ausreichendem Maße sichergestellt ist. Bei Urlaub oder anderer Verhinderung der Pflegeperson werden für längstens 4 Wochen je Kalenderjahr die Grundpflege und hauswirtschaftliche Versorgung maximal bis zu 1.800,– DM übernommen; dies gilt auch, wenn die Pflege während dieser Zeit außerhalb des Haushalts oder der Familie gewährt wird.

Krankenhilfe

Demgegenüber umfaßt die häusliche **Krankenhilfe** die im Einzelfall erforderliche **Grund-** und **Behandlungspflege** sowie hauswirtschaftliche Versorgung bis zu 4 Wochen je Krankheitsfall. Anspruch auf häusliche Krankenpflege besteht nur, wenn eine im Haushalt lebende Person den Kranken nicht in dem erforderlichen Umfang pflegen und versorgen kann.

Haushaltshilfe

Schließlich können Versicherte auch eine **Haushaltshilfe** oder eine angemessene Kostenerstattung für eine selbst beschaffte Ersatzkraft in Anspruch nehmen, wenn ihnen wegen Krankenhausbehandlung, einer Kurmaßnahme oder wegen einer Erkrankung, die bereits häusliche Krankenpflege erfordert, die Weiterführung des Haushalts nicht möglich ist. Ein Anspruch auf Haushaltshilfe besteht auch, wenn **dadurch Krankenhausbehandlung vermieden** wird, sowie bei akuter Erkrankung für einen nach ärztlichem Zeugnis erforderlichen Zeitraum von längstens 1 Jahr. Für Verwandte und Verschwägerte bis zum 2. Grade als Haushaltshilfe werden aber nur die erforderlichen Fahrtkosten und der Verdienstausfall bis zu einem bestimmten Betrag erstattet.

In jedem Fall ist **Voraussetzung**, daß in dem Haushalt ein Kind lebt, das bei Beginn der Haushaltshilfe das 12. Lebensjahr noch nicht vollendet hat oder behindert ist und Hilfe benötigt.

Beratung

Neben der Beratung durch die **Krankenkasse** kann sich der Pflegebedürftige auch vom **örtlichen Sozialamt** darüber beraten lassen, ob er weitere Leistungen im Rahmen der Hilfe zur Pflege nach dem Bundessozialhilfegesetz erhalten kann.

▶ Rehabilitation

Zweck

Die Krankenkasse erbringt Leistungen zur **Rehabilitation**, um einer **drohenden Behinderung vorzubeugen**, eine **Behinderung** zu **beseitigen**, zu bessern oder eine **Verschlimmerung** zu **verhüten** oder **Pflegebedürftigkeit** zu **vermeiden** oder zu mindern. Die Leistungen können sich auch auf Belastungserprobung und Arbeitstherapie erstrecken.

Notwendigkeit von Rehamaßnahmen

Die Kassenleistungen für die ambulanten und stationären Kuren sind bereits unter diesem Stichwort behandelt. Die Notwendigkeit der Rehabilitationsmaßnahmen wird durch den **medizinischen Dienst** der Krankenversicherung **überprüft**, der für alle Kassenarten die Aufgabe übernommen hat, im Einzelfall eine gutachtliche Stellungnahme abzugeben und in Abstimmung mit dem behandelnden Arzt die medizinisch erforderlichen Maßnahmen zu prüfen.

Im Modellversuch bis 31.12.1996 prüft der medizinische Dienst auch die Notwendigkeit einer Krankenhausaufnahme.

Kostenübernahme

Kosten für **Belastungserprobung** und **Arbeitstherapie** als Vorstufe zur beruflichen Rehabilitation übernehmen die Krankenkassen nur, wenn die gesetzliche Rentenversicherung nicht zuständig ist. Zu den **sonstigen ergänzenden Leistungen** der Rehabilitation gehören alle Maßnahmen, die erforderlich sind, um unter Berücksichtigung der Behinderung das Ziel der Rehabilitation zu erreichen, zum Beispiel auch die Förderung eines Funktionstrainings für Rheumakranke.

▸ Vorsorgemaßnahmen (Gesundheitsprüfung, Krebsvorsorge, Zahnvorsorge)

Leistungsumfang

Vorsorgemaßnahmen und **Früherkennungsmaßnahmen** überschneiden sich. Die Früherkennungsmaßnahmen bei Kindern, der Gesundheits-Check-up ab dem 35. Lebensjahr und die Krebsfrüherkennungsmaßnahmen sind deshalb bereits dort behandelt. Zu den **Vorsorgemaßnahmen** zählen auch die **Vorsorgeuntersuchungen** bei

Schwangerschaft. Hierzu erhält die versicherte werdende Mutter von ihrem Arzt einen »Mutterpaß«, der den Terminplan für die derzeit 10 Schwangerschaftsuntersuchungen enthält und in dem auch die Ergebnisse der Vorsorgeuntersuchungen eingetragen werden.

Im gewissen Umfange können die gesetzlichen Krankenkassen auch nicht ärztliche **sozialpädiatrische Leistungen** unter ärztlicher Verantwortung finanzieren, die der Früherkennung von kindlichen Entwicklungsstörungen in sozialpädiatrischen Zentren dienen.

Zahnvorsorge

Eine wichtige Vorsorgeaufgabe der Krankenkasse ist die **Zahnvorsorge** für Kinder bis zum 12. Lebensjahr im Jahr der **Gruppenprophylaxe** in Kindergärten und Schulen. Darüber hinaus können sich Kinder und Jugendliche vom 6. bis zum 20. Lebensjahr zusätzlich einmal halbjährlich einer zahnmedizinischen Vorsorgeuntersuchung unterziehen. Neuerdings finanzieren die Krankenkassen auch die Versiegelung der Backenzähne zum Schutz vor Karies.

▸ Zahnärztliche Behandlung

Leistungsumfang

Neben der Zahnvorsorge umfassen die zahnmedizinischen Leistungen die Behandlung der Zahn-, Mund- und Kieferkrankheiten sowie den Zahnersatz. Da die **zahnmedizinischen Leistungen** der gesetzlichen Krankenkassen innerhalb von 3 Jahren um mehr als 30% gestiegen sind, hat das Gesundheitsstrukturgesetz Leistungskürzungen unter Vorrang der Zahnerhaltung und der Prävention vor Zahnersatz vorgeschrieben. Deshalb wird die Vergütung des Zahnarztes bei Zahnersatz und kieferorthopädischer Behandlung um 10% gesenkt. Auch für 1995 darf der Anstieg der zahnmedizinischen Leistungen den allgemeinen Anstieg der Einnahmen der Krankenkassen nicht überschreiten. Ebenso wird die Vergütung für die zahntechnischen Leistungen um 5 % gesenkt.

Kostenübernahme

Nicht mehr von den Krankenkassen bezuschußt werden große **Brücken** zum Ersatz von mehr als vier Zähnen im Frontzahnbereich bzw. drei fehlenden Zähnen im Seitenzahnbereich. Gleiches gilt für mehr als zwei Verbindungselemente je Kiefer bei Kombinationsversorgung. Bei einem Restzahnbestand von höchstens drei Zähnen je Kiefer wird auch das dritte Verbindungselement bezuschußt. **Kieferorthopädische Leistungen** – zum Beispiel Zahnspangen – werden nur noch bei Kindern und Jugendlichen bis 18 Jahren bezahlt. 20 % der Kosten muß der Versicherte tragen, bei 2 Kindern ab dem 2. Kind 10 % zur gleichen Zeit. Der Eigenanteil wird zurückgezahlt, wenn die Behandlung konsequent zu Ende geführt wird. Erwachsene können Leistungen der kieferorthopädischen Behandlung nur noch bei schweren Kieferfehlbildungen erhalten.

Die Garantiezeit von Füllungen und Zahnersatz ist auf 2 Jahre verlängert worden.

Wartezeiten

Eine besondere Regelung gilt für **Asylsuchende** sowie **Aus- und Umsiedler** und vorübergehend im Bundesgebiet lebende Ausländer. Diese erhalten Zahnersatzleistungen erst nach einem Jahr Mindestversicherungszeit, es sei denn, die Maßnahme ist medizinisch unaufschiebbar.

Kostenübernahme

Demgegenüber werden weiterhin alle Maßnahmen im Rahmen der **zahnerhaltenden Behandlung** zu 100 % von der Krankenkasse übernommen. Bei **Zahnersatz** zahlt die Krankenkasse 50 % der

Kosten des notwendigen Zahnersatzes. Bei dem Nachweis regelmäßiger Zahnvorsorge gewährt die Krankenkasse weitere 10 %, bei dem Nachweis der Inanspruchnahme der zahnärztlichen Vorsorgeuntersuchungen in den letzten 10 Kalenderjahren noch mal 5 % Kostenerstattung.

Kosten des Zahnersatzes

Für sämtliche Kosten des **Zahnersatzes** gilt nicht das sonst wirksame Sachleistungs-, sondern das Kostenerstattungsprinzip. Der Versicherte hat seinen Eigenanteil unmittelbar an den Zahnarzt zu bezahlen. Die Zuzahlung entfällt jedoch bei Geringverdienenden, die unter die Sozialklausel fallen. Im übrigen ist die maximale Zuzahlung auf das Dreifache begrenzt, um den das Bruttoeinkommen die zur vollständigen Zuzahlungsbefreiung maßgebende Einkommensgrenze überschreitet.

Heil- und Kostenplan

Der Zahnarzt hat vor Beginn der Behandlung bei Zahnersatz einen **Heil- und Kostenplan** aufzustellen, der von der **Krankenkasse** zu **genehmigen** ist. Verlangt der Zahnarzt bei bestimmten Zahnersatzleistungen eine private Kostenabrechnung, sollte sich der Versicherte von der Krankenkasse beraten lassen, um die Höhe der auf ihn zukommenden Posten abschätzen zu können.

Der Vollständigkeit halber sei erwähnt, daß der am 1.1.1989 Versicherte ein **Sterbegeld** von 2.100,– DM bzw. der Familienversicherte 1.050,– DM erhält; für Neumitglieder besteht kein Sterbegeldanspruch.

6. Wissenswertes zur privaten Krankenversicherung

Versicherte und Organisation der Versicherer

Etwa 11% unserer Bevölkerung sind ausschließlich privatkrankenversichert. Zu den Personengruppen, die ihren Versicherungsschutz frei wählen können, gehören insbesondere **Angestellte** und **Arbeiter**, deren Jahresarbeitsentgelt die **Jahresarbeitsentgeltgrenze übersteigt, Selbständige** und **freiberuflich Tätige, Beamte, Beamtenanwärter** und andere **beihilfeberechtigte Angestellte** im öffentlichen Dienst, ferner die **Studenten nach** dem **30. Lebensjahr** bzw. 14. Fachsemester. Darüber hinaus haben die gesetzlich Krankenversicherten häufig noch einen zusätzlichen Absicherungsbedarf. Immerhin haben nahe 9% der gesetzlich Krankenversicherten eine **private Zusatzversicherung** abgeschlossen. Um diesen Markt bewerben sich 112 Unternehmen, wobei allerdings die 15 größten privaten Krankenversicherungsunternehmen wiederum ungefähr 90% Anteil am Gesamtbestand haben. Die Marktführer unter diesen gehören sämtlich dem Verband der privaten Krankenversicherung e. V. an. Die **Unternehmen, meist** in Form einer **Aktiengesellschaft** oder eines **Versicherungsvereins auf Gegenseitigkeit** organisiert, betreiben das Versicherungsgeschäft weit überwiegend durch einen Außendienst, der die Aufgabe der Versicherungsvermittlung übernommen hat, während die Betreuung durch den Innendienst erfolgt. Da die **Tarife** der einzelnen Versicherer **stark** voneinander **abweichen,** ist ein Vergleich der privaten Krankenversicherer untereinander und erst recht mit der gesetzlichen Krankenversicherung sehr schwierig.

Gesetzlich oder privat versichern?

Die gesetzliche Krankenversicherung erhebt, wie wir gesehen haben, ihre Beiträge nach dem Solidarprinzip. Die Beitragshöhe richtet sich nach dem Bruttoeinkommen und dem Beitragssatz. Gesundheitszustand, Alter, Geschlecht und Zahl der Familienmitglieder sind unerheblich. Demgegenüber hängt der **Beitrag** bei der **privaten Krankenversicherung** durchaus vom **Gesundheitszustand**, Alter, Geschlecht und von der Zahl der Familienmitglieder ab. Die gesetzliche Krankenversicherung schützt also wegen ihrer sozialen Aufgabe die Geringerverdienenden und die Familie, die **private Krankenversicherung** ermöglicht den Besserverdienenden einen nach **individuellen** Bedürfnissen passenden **Schutz**. Grundsätzlich dürfte es sich deshalb für Alleinstehende und Ehegatten, die beide verdienen, aber keine Kinder haben, aus wirtschaftlichen Gründen empfehlen, in die private Krankenversicherung zu wechseln, wobei dies sicherlich auch vom Alter, von etwaigen Vorerkrankungen oder auch der zukünftigen Familienplanung abhängt. Der **gesetzlich Krankenversicherte** sollte vor der endgültigen Entscheidung für eine private Krankenversicherung **nicht** die gesetzliche Krankenversicherung **kündigen**, damit nicht ein unnötiger Druck entsteht und der Verlust des Versicherungsschutzes vermieden wird. Wer vor dem Abschluß eines privaten Krankenversicherungsvertrages 8 Monate in der gesetzlichen Krankenversicherung versichert war, hat auch bei der privaten Krankenversicherung **keinerlei Wartezeit** zu erfüllen, wobei bei vielen Privatversicherungen ohnehin keine Wartezeiten mehr bestehen. Der **Versicherungsschutz** schließt sich **nahtlos** an den der gesetzlichen Krankenversicherung an. Wer dann privat versichert ist und arbeitslos wird und Anspruch auf Arbeitslosengeld hat, ist wiederum **au-**

tomatisch gesetzlich versichert. Die private Krankenversicherung kann beitragsfrei ruhen, bis der Versicherte wieder eine Arbeitsstelle hat, höchstens aber für zwei Jahre.

Auf die Entscheidung »privat oder gesetzlich?« werden wir später noch zurückkommen. Vorher sollten wir aber Klarheit darüber verschaffen, **wie** man Mitglied wird, **wie hoch** die **Beiträge** sind und welche Leistungen die private Krankenversicherung bietet.

Wie wird man Mitglied?

Während man bei der gesetzlichen Krankenversicherung grundsätzlich Pflichtmitglied wird, andererseits aber auch die gesetzliche Krankenversicherung das Pflichtmitglied nicht ausschließen kann, erfordert die Mitgliedschaft in der privaten Krankenversicherung einen **Versicherungsantrag** des Versicherungsnehmers **und** die **Annahme** dieses Antrages durch den Versicherer, also einen **Versicherungsvertrag**. Der Versicherungsnehmer ist an seinen Antrag auf Abschluß eines Versicherungsvertrages grundsätzlich 6 Wochen lang gebunden, nur in den ersten 10 Tagen nach Abgabe des Antrages hat er ein Rücktrittsrecht. Danach kann also der Versicherer innerhalb der Sechswochenfrist prüfen und entscheiden, ob er den Antrag annimmt oder ablehnt. Etwas anderes gilt nur, wenn der Versicherungsnehmer zunächst den Versicherer bittet, ein Angebot abzugeben, gewissermaßen also einen »**Probeantrag**« stellt. Der Antragsteller ist dann noch nicht an seinen Antrag gebunden. Wenn dann der Versicherer annimmt, liegt darin ein Antrag auf Vertragsabschluß des Versicherers an den zukünftigen Versicherungsnehmer, der nunmehr **endgültig annehmen** kann, beispielsweise **indem** er den **ersten Beitrag zahlt**. Regelmäßig nennt der Versicherer dann auf den »Probeantrag« hin seine Konditionen; der Versicherungsnehmer kann mitteilen, ob er seinen Antrag als normalen Antrag gelten lassen will. Ist das der Fall, so nimmt der Versicherer wie sonst auch durch Annahmeerklärung oder durch Übersendung des Versicherungsscheins den Antrag des Antragstellers an. Durch einen solchen »Probeantrag« hat es der Versicherungsnehmer möglicherweise in der Hand, die Angebote verschiedener Versicherer zu prüfen.

Anzeigepflichten des Versicherungsnehmers

Anders als in der gesetzlichen Krankenversicherung hat der Versicherungsnehmer bei der Antragstellung **vorvertragliche Anzeigepflichten** und deshalb im Versicherungsantrag bestimmte Fragen des Versicherers nach Gesundheit usw. vollständig zu beantworten. Jeder Versicherungsnehmer sollte restlos **alle Krankheiten, Beschwerden, Behandlungen**, die innerhalb des vom Versicherer genannten Zeitraumes liegen, beantworten. Denn bei falschen Angaben im Versicherungsantrag kann er sich später nicht darauf berufen, er habe evtl. verschwiegene Beschwerden als unerheblich angesehen. Denn die Beurteilung darüber muß er dem Versicherer überlassen. **Andernfalls** kann der Versicherer vom **Versicherungsvertrag zurücktreten**, so daß der Versicherungsnehmer seinen Schutz verliert und als Privatkrankenversicherter auch nicht in die gesetzliche Krankenversicherung zurückkehren kann. Ein **Rücktrittsgrund** besteht aber nur bei **Verschulden** des **Versicherungsnehmers**. Immerhin kann der Versicherer auch dann kündigen, wenn die höhere Gefahr nach den

Grundsätzen des Geschäftsbetriebes nicht übernommen wurde. Ebenso ist es möglich, daß für die bei Vertragsabschluß schon vorhandene, aber schuldlos nicht mitgeteilte Krankheit ein **Risikozuschlag** ab Beginn der laufenden Versicherungsperiode gefordert wird. Im Zweifel sollte der Versicherungsnehmer den behandelnden Arzt fragen.

Tip

Wenn – wie regelmäßig – der **Versicherungsmittler** Fragen in dem **Formular ausfüllt**, sollte sich der Versicherungsnehmer vor seiner Unterschrift davon **überzeugen**, daß der Vermittler die Angaben **vollständig** und **wahrheitsgemäß** niedergeschrieben hat.

Beginn des Versicherungsschutzes

Der Versicherungsschutz in der privaten Krankenversicherung beginnt mit dem im Versicherungsschein bezeichneten Zeitpunkt. Nur für Neugeborene gibt es eine rückwirkende Begründung des Krankheitskostenversicherungsschutzes, wenn die Meldung spätestens zwei Monate nach der Geburt erfolgt.

Wartezeiten

Im übrigen besteht Versicherungsschutz nicht vor Ablauf von **Wartezeiten**, also regelmäßig drei Monaten, **ausgenommen** Unfallfolgen. Für die Bereiche Entbindung, Psychotherapie, Zahnbehandlung, Zahnersatz und Kieferorthopädie beträgt die Wartezeit 8 Monate, für den Leistungsbereich »Entbindung« in der Krankentagegeldversicherung drei Monate. Die Versicherer haben die Wartezeit von 8 Monaten aber auch häufig in ihren Bedingungen auf 3 Monate verkürzt. Außerdem kann die Wartezeit erlassen werden, wenn der Versicherungsnehmer bei Beginn der Versicherung ein ärztliches Zeugnis über seinen Gesundheitszustand vorlegt. Deshalb hat die **Wartezeit** in der privaten

Krankenversicherung **kaum** eine **Bedeutung**. Die in der gesetzlichen Krankenversicherung ununterbrochen zurückgelegte Versicherungszeit wird bei nahtlosem Übergang auf die Wartezeit angerechnet.

Kündigungsrecht

Beide Vertragsparteien können den Versicherungsvertrag kündigen. Aber in der **Krankheitskostenversicherung** haben die Versicherungsunternehmen in ihren Bedingungen auf das ordentliche **Kündigungsrecht verzichtet**. Daher bleibt der Versicherungsschutz auch bei schweren Erkrankungen bestehen. Demgegenüber kann der Versicherer eine **Krankenhaustagegeldversicherung** und eine **Krankheitskostenteilversicherung** zum Ende eines jeden der ersten drei Versicherungsjahre mit Dreimonatsfrist kündigen. Diese Dreijahresfrist gilt auch für die Krankentagegeldversicherung. Die meisten Versicherer haben aber auf dieses Kündigungsrecht verzichtet, wenn der Versicherungsnehmer vorher bei der gesetzlichen Krankenversicherung versichert war.

Der Versicherungsnehmer kann im übrigen den Versicherungsvertrag kündigen, wenn der Versicherer den **Beitrag erhöht** oder die **Leistungen vermindert**. Eine Kündigung wegen einer **Beitragserhöhung** sollte man sich aber gründlich überlegen, denn der Versicherungsnehmer verliert damit die bisher angesammelten Rückstellungen und wird bei jedem neuen Versicherer so behandelt, als würde er sich erstmals in seinem Leben privat krankenversichern. Damit ist der **Wechsel** von einem Krankenversicherer zu einem anderen privaten Krankenversicherer **wirtschaftlich kaum vertretbar**.

Wie hoch ist der Beitrag?

Bestimmungsfaktoren

Anders als in der gesetzlichen Krankenversicherung bestimmt der Versicherte selbst durch Art und Höhe seines Beitrages die vertragliche Gegenleistung, nämlich die Versicherungsleistung. **Beiträge und Versicherungsleistungen** sind einander **gleichwertig**. Die Höhe des Beitrages wird also insbesondere durch das **Alter**, das **Geschlecht**, den **Gesundheitszustand** und den **Leistungsumfang** ohne Rücksicht auf soziale Aspekte bestimmt. Höhere Risiken wie bestimmte Krankheiten oder Alter werden durch **Risikozuschläge** ausgeglichen. Gruppen gleicher Risiken zahlen dieselben Beiträge innerhalb dieser Gefahrengemeinschaft. Zur Herstellung der Gleichwertigkeit können auch schon bei Abschluß des Versicherungsvertrages bestehende erhebliche Krankheiten vom Versicherungsschutz ausgeschlossen werden. Damit wird andererseits sichergestellt, daß neu hinzukommende Versicherte diese Gefahrengemeinschaft nicht stärker belasten.

Beitragsanpassungsklausel

Die Vertragsbedingungen sind mit einer **Beitragsanpassungsklausel** ausgestattet. Das bedeutet, daß die Beiträge jährlich überprüft und bei Bedarf angepaßt werden müssen. Die Beiträge werden also für die Zukunft aufgrund der zu erwartenden höheren Leistungen und unter Berücksichtigung eines inzwischen erreichten höheren Alters angepaßt. Dabei wurden bisher die Beiträge für Männer und Frauen getrennt kalkuliert, weil Frauen nach bisheriger Kalkulation höhere Leistungen in Anspruch nehmen und eine höhere Lebenserwartung haben.

Weitere Besonderheiten

Die meisten Versicherer bieten auch die **Rückerstattung** mehrerer Monatsbeiträge in ihren Bedingungen an, um für die Versicherungsnehmer einen Anreiz zu schaffen, im Versicherungsjahr keine Vertragsleistungen in Anspruch zu nehmen.

Ein besonderes Problem bei der Beitragsanpassung ist die **Rückstellung für das Alter**. In jedem Beitrag ist bereits eine Rückstellung für das Alter enthalten. Aufgrund der enormen Kostensteigerungen im Gesundheitswesen, der gestiegenen Lebenserwartung und der Neigung, gerade für junge Versicherte niedrige Beiträge zu schaffen, hat sich erwiesen, daß die bisherige Rückstellung für das Alter in den kalkulierten Beiträgen nicht ausreicht. Hinzu kommt, daß immer neue Tarife angeboten wurden, so daß die bisherigen Tarife »vergreisten«, weil der Stand der Versicherten in dieser Gruppe immer älter wurde, ohne daß jüngere Versicherte nachrückten.

Die privaten Krankenversicherer haben dieses große Problem mit den **altersbedingten Beitragsänderungen** erkannt und teilweise schon Maßnahmen vorgesehen, teilweise durchgeführt, die eine Entlastung der älteren Versicherten bewirken können. Während bisher der Beitragsteil für die Verwaltungskosten prozentual entsprechend der Höhe der Beiträge umgelegt wurde, gilt bei einigen Versicherern schon ab 1994 ein altersunabhängiger absoluter Kostensatz. Umgekehrt wird der Kostenanteil in den Beiträgen der jüngeren Versicherten etwas erhöht. Auch werden die Rückstellungen für das Alter erhöht, so daß jüngere Versicherte nun auch deswegen mehr Beiträge zahlen, folglich mehr Geld zinsbringend angelegt werden kann. Dieser Effekt kann sich aber naturgemäß bei den jetzt schon alten Versicherungsnehmern nicht mehr auswirken. Auch sollen Überschüsse verstärkt dazu dienen, Verteuerungen der Beiträge abzufangen. Deshalb werden anstelle von Beitragsrückerstattungen vermehrt Überschüsse der Altersrücklage zugeführt.

Standardtarif

Seit dem 1.7.1994 haben die privaten Krankenversicherer aufgrund des Gesundheitsstrukturgesetzes Versicherungsnehmern im Rentenalter einen **Standardtarif** anzubieten. Der neue Standardtarif gilt für **alle Versicherten**, die älter als 65 Jahre und mindestens 10 Jahre bei dem privaten Krankenversicherer vollversichert sind. Mit dem Standardtarif ist eine Festschreibung der Beitragshöhe auf den Höchstbeitrag der gesetzlichen Krankenversicherung verbunden.

Einige Krankenversicherer bieten auch einen **Zusatztarif** an, bei dem der Versicherte je nach Eintrittsalter zusätzlich zwischen 3 bis 19 % seines Krankenversicherungsbeitrages zahlt und ab dem 65. Lebensjahr eine Beitragsreduzierung von ⅓ erhält.

Ebenso hat es der Versicherte in der Hand, durch die Übernahme eines **Selbstbehaltes** seinen Beitrag zu reduzieren.

Beachte!

Durch die Vereinbarung einer **Selbstbeteiligung beeinflußt** der Versicherte einerseits den **Leistungsumfang**, andererseits den **Beitrag**. Wählt der Versicherungsnehmer eine Selbstbeteiligung, so erstattet der Versicherer nur die über die vereinbarten Sätze hinausgehenden Beträge. Je höher der Versicherungsnehmer die Selbstbeteiligung wählt, um so niedriger ist der Beitrag. Bei den sogenannten »Großschadentarifen« sind sogar Selbstbeteiligungen bis zu 6.000,– DM jährlich vorgesehen.

Beitragszuschuß des Arbeitgebers

Der gesetzlich krankenversicherungsfreie Arbeitnehmer erhält selbstverständlich vom Arbeitgeber einen **Beitragszuschuß** für seine private Krankenversicherung, und zwar **höchstens** die **Hälfte** des Beitrages, den andernfalls der Arbeitgeber an die gesetzliche Krankenkasse zu zahlen hätte, ab 1.1.1996 die Hälfte des durchschnittlichen Höchstbeitrages der gesetzlichen Krankenversicherung. **Kein Anspruch** auf Beitragszuschuß besteht also **im Falle** der **Arbeitsunfähigkeit** nach dem Ende der Lohn- oder Gehaltsfortzahlung. Die private Krankenversicherung kennt keine beitragsfreien Versicherungszeiten. Auch während dieses Zeitraums müssen die Beiträge der Krankheitskostenversicherung und Krankentagegeldversicherung trotz fehlenden Beitragszuschusses in voller Höhe gezahlt werden. Die private Krankenversicherung kennt auch keine Beitragsfreiheit für die Dauer des Anspruchs auf Mutterschaftsgeld oder Erziehungsgeld. In der Praxis wird deshalb vielfach ein höherer Beitrag an Krankentagegeld vereinbart, als an Lohn oder Gehalt entfällt, um einen Ausgleich für den fehlenden Beitragszuschuß zu schaffen.

Was leistet die private Krankenversicherung?

Die Zusammenstellung des Versicherungsschutzes in der privaten Krankenversicherung ist letztendlich eine Frage des **persönlichen Anspruchs**. Die Versicherungstarife ermöglichen die Zusammenstellung einer Grundversorgung genauso wie auch die eines Standard- oder sogar Komfortversicherungsschutzes. Anders als in der gesetzlichen Krankenversicherung gilt hier der Grundsatz:

> *Mehr Leistung für mehr Geld –*
> *weniger Leistung für weniger Geld*

Versicherungsarten

Die private Krankenversicherung sieht folgende Versicherungsarten vor:
- Krankheitskostenversicherung
- Krankenhaustagegeldversicherung
- Krankentagegeldversicherung
- Pflegekrankenversicherung
- Auslandsreise-Krankenversicherung
- sonstige selbständige Teilversicherungen

Krankheitskostenversicherung

Die **Krankheitskostenversicherung** umfaßt die **gesamte ärztliche** und **zahnärztliche Behandlung** und die Krankenhausbehandlung, nicht Einkommensersatzleistungen wie bei der gesetzlichen Krankenversicherung. Diese müssen selbständig versichert werden. **Nicht** im Leistungsangebot der Krankheitskostenvollversicherung sind wie bei der gesetzlichen Krankenversicherung die Gesundheitsförderung oder Kuren, nicht die häusliche Krankenpflege oder Leistungen bei Schwerpflegebedürftigkeit. Diese Leistungen können aber selbstverständlich wiederum durch einen gesonderten Tarif mit zusätzlicher Beitragszahlung vereinbart werden. Beitragsmindernde Selbstbeteiligungstarife kürzen die Leistungen entweder nach Festbeträgen oder nach Prozentsätzen.

Erweiterter Leistungsumfang der privaten Krankenversicherung

Der **Leistungsumfang** geht in einzelnen Bereichen weiter als in der gesetzlichen Krankenversicherung. So umfaßt der Bereich der ambulanten Leistungen neben den Arzthonorarkosten auch die Honorare eines Heilpraktikers und Psychotherapeuten, neben Vorsorgeuntersuchungen und Medikamenten auch Heil- und Hilfsmittel in höherem Maße als in der gesetzlichen Krankenversicherung. Die zahnärztlichen Behandlungskosten umfassen auch kieferorthopädische Maßnahmen ohne die Einschränkung der gesetzlichen Krankenversicherung.

Krankenhaustarif

Der Krankenhaustarif ermöglicht die **freie Wahl** des **Krankenhauses** in Europa. Je nach Versicherungstarif kann der Versicherungsnehmer die Unterbringung im Mehrbett-, Zwei- oder Einbettzimmer sowie Chefarztbehandlung tariflich vereinbaren. Die meisten Unternehmen der privaten Krankenversicherung händigen dem Versicherten eine **Klinik-Card** aus, die den Versicherungsschutz für die stationäre Behandlung gegenüber der Krankenhausverwaltung ausweist. Dann braucht der Versicherte keine Kostenübernahmeerklärung des Versicherers. Ein Krankenhaustagegeld kann auch anstelle nicht beanspruchter Wahlleistungen im Krankenhaus vereinbart werden.

Krankentagegeld

Den Verdienstausfall kann der Versicherte durch ein **Krankentagegeld** bis zu einem Nettoeinkommen ausgleichen und den Zahlungsbeginn nach Bedarf vereinbaren.

Zahnersatzkosten

Wie bei den anderen Leistungen richtet sich auch die Höhe der Erstattung von Zahnersatzkosten je nach dem Versicherungstarif, die Erstattung kann entweder prozentual oder mit Höchstsätzen erfolgen. In gleicher Weise werden kieferorthopädische Kosten erstattet.

Sterbegeld

Ein **Sterbegeld** kann über zusätzliche Klein-Lebensversicherungen vereinbart werden, wiederum selbstverständlich gegen gesonderten Beitrag.

Krankenwagen/
Rettungsdienst

Die Übernahme der Kosten bei Fahrt im Krankenwagen und im Notfall-Rettungsdienst zur stationären Behandlung richtet sich wiederum nach tariflich vereinbartem Umfang.

Pflegetagegeld-/ Pflegekostenversicherung

Der Versicherte kann auch eine **Pflegetagegeld- oder Pflegekostenversicherung** abschließen. Die Leistungen in diesem Leistungsbereich können nach einer Wartezeit von 3 Jahren, frühestens ab Vollendung des 5. Lebensjahres erfolgen. Bei Unfällen verzichten die Versicherer in der Regel auf die Wartezeit ab dem genannten Alter.

Zusatztarife für gesetzlich Versicherte

Wegen der Vielfalt des Leistungsangebotes ist die private Krankenversicherung auch für die Personen, die einer gesetzlichen Krankenkasse angehören, sei es als pflichtversichtertes oder als freiwilliges Mitglied, von Bedeutung. Die private Krankenversicherung bietet dem auf möglichst vollständige Sicherheit bedachten Patienten die Möglichkeit, **Lücken** der **gesetzlichen** Krankenversicherung **gesondert** zu **versichern** und abzudecken. So ermöglichen **stationäre Zusatztarife** – zusätzlich zu den allgemeinen Krankenhausleistungen –, sich für die Behandlung durch Chefärzte zu entscheiden sowie eine Unterbringung in einem Ein- oder Zweibettzimmer zu beanspruchen. Der Eigenanteil bei Zahnersatzkosten kann mit einer Zahnkostenzusatzversicherung ausgeglichen werden.

Versicherungsschutz für »alternative Medizin«

Soweit die Versicherungsbedingungen die Leistungspflicht der privaten Krankenversicherung für »wissenschaftlich nicht allgemein anerkannte« Untersuchungs- oder Behandlungsmethoden und Arzneimittel ausschließen, gilt die Bestimmung in dieser Allgemeinheit nicht. Ähnlich wie im Bereich der gesetzlichen Krankenversicherung ist auch die **alternative Medizin** kostenerstattungspflichtig, wenn sie sich in der Praxis als erfolgversprechend bewährt hat, ebenso wirksam ist wie die wissenschaftlich allgemein anerkannte Methode und keine höheren Kosten verursacht. Nach der Praxis der

Privatversicherer sind in solchen Fällen wie **Krebs, Multiple Sklerose** oder **Aids** immer schon Außenseitermethoden bezahlt worden, wenn eine wissenschaftlich anerkannte allgemeine Behandlungsmethode nicht vorhanden ist und auch alternative Verfahren gewisse Erfolgschancen bieten.

Auslands-krankenschutz

Der **Auslandskrankenschutz** ist eine Besonderheit der privaten Krankenversicherung. Bei **Auslandsreisen in nicht** zur **Europäischen Gemeinschaft** gehörende Länder, mit denen **kein Sozialabkommen** getroffen worden ist, bietet die Auslandsreise-Krankenversicherung für die Patienten, die in diesen Ländern grundsätzlich nur privat behandelt werden, den **tariflich vereinbarten Schutz**. Da die gesetzliche Krankenversicherung Rechnungen dieser ausländischen Ärzte oder Krankenhäuser nicht begleicht, wird die Deckungslücke durch die Auslandsreise-Krankenversicherung geschlossen. Zu den Ländern, mit denen **keine Sozialabkommen** getroffen wurden und bei denen somit die gesetzlich krankenversicherten Patienten selbst bezahlen müßten, zählen zum Beispiel **alle Staaten Osteuropas** außer Rumänien, von den westeuropäischen Staaten **Norwegen**, im übrigen auch alle **afrikanischen Staaten** und von den Reiseländern insbesondere die **USA, Kanada, Israel**, aber auch **Asien, Australien** und **Japan**. Für ohnehin schon privat Krankenversicherte kann die zusätzliche Auslandsreise-Krankenversicherung nur Bedeutung erlangen, wenn die Reise länger als einen Monat dauert.

Pflegekranken-versicherung

Bereits seit Mitte 1985 bieten Unternehmen der privaten Krankenversicherung meist als Zusatz zur Krankheitskostenversicherung eine **Pflege-Krankenversicherung** an. Die private Pflege-Krankenversicherung geht über die Leistungen der geltenden gesetzlichen Krankenversicherung hinaus und deckt auch die Kosten einer stationären Pflege je nach Tarif ab. Der Versicherungsschutz umfaßt aber nicht nur die **Alterspflege**, sondern leistet bereits für **Pflegebedürftigkeit** ab **Vollendung** des **5. Lebensjahres**. Ausgeschlossen sind allerdings Pflegefälle, die auf Vorsatz, insbesondere auch auf Sucht zurückzuführen sind, ferner auf Kriegsereignisse. Die Leistungspflicht beginnt dann mit dem 92. Tage nach ärztlicher Feststellung der Pflegebedürftigkeit, die wiederum alle drei Monate durch ergänzende ärztliche Bescheinigung zu bestätigen ist. Auch hier gilt wiederum, daß die Beiträge wagnisgerecht gestaltet sein und je nach Eintrittsalter gestaffelt sein müssen.

Höhe des Pflegegeldes

Die Höhe des Pflegegeldes hängt vom **Grad der Pflegebedürftigkeit** ab, also von Art und Umfang der täglich erforderlichen Hilfe, die in den Versicherungsbedingungen unter Anwendung einer Punktetabelle ermittelt wird. Das Pflegetagegeld kann **von 5,– DM bis 100,– DM pro Tag** vereinbart werden.

Der Versicherungsschutz wird mit der Einführung der gesetzlichen Pflegeversicherung vertraglich anders ausgestaltet werden. Im Jahre 1993 ist die Zahl der privaten Pflegekrankenversicherungen sprunghaft um etwa 50 % auf 300.000 gestiegen. Die privaten Krankenversicherer werden die Pflegeversicherung nach einem besonderen Verfahren der sogenannten modifizierten Kapitaldeckung anbieten, so daß sofort auch sämtliche Versicherte, die noch keinen Beitrag gezahlt haben und schon Pflegefälle sind, einbezogen werden können. Der Höchstbeitrag wird sich auf 57,– DM monatlich belaufen.

Krankentagegeld-versicherung

Eine **Krankentagegeldversicherung** gewährt die vereinbarte Lohnersatzleistung ab dem Tage, der vertraglich vereinbart ist. Bei Arbeitnehmern wird regelmäßig der 43. Tag der Arbeitsunfähigkeit als Beginn des Krankentagegeldes vereinbart. Das Krankengeld darf zusammen mit sonstigen Krankentage- und Krankengeldern, das auf den Kalendertag umgerechnete, aus der beruflichen Tätigkeit herrührende Nettoeinkommen nicht übersteigen. Allerdings wird gelegentlich ein höherer Beitrag versichert, damit der Versicherungsnehmer nach Wegfall des Beitragszuschusses seines Arbeitgebers, nämlich mit dem Ende der Lohnfortzahlung weiterhin seinen Krankenversicherungs- und Rentenversicherungsbeitrag ohne Minderung seines Nettoeinkommens zahlen kann. Während einer Kur- und Sanatoriumsbehandlung oder einer Rehabilitationsmaßnahme der gesetzlichen Rehabilitationsträger entsteht kein Krankentagegeldanspruch. Das Krankentagegeld entfällt auch bei Berufsunfähigkeit, Altersrente oder Vollendung des 65. Lebensjahres.

Privat oder gesetzlich?

Die vielfach gestellte Frage, ob man die gesetzliche oder die private Krankenversicherung wählen soll, ist falsch gestellt, sie bedarf der Erläuterung und Ergänzung.

Entscheidungshilfen für Pflichtversicherte

Für denjenigen Personenkreis, der ohnehin in der gesetzlichen Krankenversicherung pflichtversichert ist, stellt sich nur die Frage nach einer **sinnvollen Ergänzung** dieses schon weitgehenden Krankenversicherungsschutzes, so zum Beispiel die Frage nach einer einmaligen Auslandskrankenversicherung bei Fahrten in bestimmte Länder, nach einer Ergänzung des stationären Krankenversicherungsschutzes für die Behandlung durch den Chefarzt oder die Unterbringung im Ein- oder Zweibettzimmer oder nach einer Zahnkosten-Zusatzversicherung zur Ausgleichung der Einschränkung bei Zahnersatzkosten. Durch Aufgliederung in verschiedene Leistungsbereiche kann der gesetzlich Krankenversicherte bei der privaten Krankenversicherung aus einer Vielzahl von Zusatztarifen auswählen und sich individuell seinen persönlichen Ergänzungsschutz zusammenstellen. Dabei muß sich der Versicherte stets selbst eine Kosten-Nutzen-Rechnung aufmachen.

Entscheidungshilfen für Beihilfeberechtigte

Ähnliche Fragen nach einer Ergänzung des Versicherungsschutzes können sich **Beihilfeberechtigte** stellen. So können Beamte – unter bestimmten Voraussetzungen auch Angestellte und Arbeiter des öffentlichen Dienstes –, die für sich und ihre Angehörigen von ihrem Dienstherren eine gesetzlich geregelte Beihilfe erhalten, mit der sich der Dienstherr unmittelbar an den Krankheits-, Geburts- oder Todesfallkosten beteiligt, ihren Versicherungsschutz »aufstocken«. In den Beihilfevorschriften ist die prozentuale Höhe der Beteiligung an den Kosten festgelegt, gestaffelt nach Familienstand und jeweils geltender Beihilfevorschrift. Die privaten Krankenversicherer haben auf die Beihilfeberechtigten zugeschnittene **Ergänzungstarife**, mit denen sie durch gestaffelte Prozentsätze die Leistungen der privaten Krankenversicherung den Beihilfesätzen anpassen und so dem Kunden die volle Erstattung seiner Kosten ermöglichen.

Entscheidungshilfen für Beamte

Die Beamten sind seit jeher überwiegend in der privaten Krankenversicherung versichert. Sie unterliegen nicht der Versicherungspflicht und können sich grundsätzlich jederzeit bei einem Unternehmen der privaten Krankenversicherung versichern lassen. Für **Beamtenanfänger** – mit Anspruch auf Bundes- oder Landesbeihilfe – und ihre Familienangehörigen hat die private Krankenversicherung seit dem 1.1.1987 **erleichterte Bedingungen** geschaffen. So wird kein Antragsteller aus Risikogründen abgelehnt, Leistungsausschlüsse werden nicht vorgenommen, Zuschläge zum Ausgleich erschwerter Risiken werden auf maximal 100 % des tariflichen Beitrages begrenzt.

Entscheidungshilfen für Angestellte/Arbeiter

Intensiv werben gesetzliche Krankenversicherung und private Krankenversicherung um die **Angestellten** und **Arbeiter**, deren regelmäßiges Jahresarbeitsentgelt die Versicherungspflichtgrenze der gesetzlichen Krankenversicherung überschreitet. Auch diejenigen, die sich zunächst für eine freiwillige Krankenversicherung in der gesetzlichen Krankenversicherung entschieden haben, können infolge der kurzen Kündigungsfristen der gesetzlichen Krankenversicherung ohne Probleme wechseln. Dabei ist der Markt der **Krankheitskosten-Vollversicherung** besonders **umkämpft**. Bei den freiwillig versicherten Arbeitern und Angestellten sind ungefähr ⅔ in der gesetzlichen Krankenversicherung und ⅓ in der privaten Krankenversicherung, bei den freiwillig versicherten Selbständigen halten sich die Marktanteile etwa die Waage, bei den Beamten sind unter 10 % in der gesetzlichen Krankenversicherung, über 90 % in der privaten Krankenversicherung. Für diesen Personenkreis ist die Frage »gesetzlich oder privat?« von entscheidender Bedeutung. Wir haben bereits gesehen: Beide Versicherungsformen haben ihre eigenen Vorteile und ihre eigenen Nachteile.

Die Empfehlung, mit der gesetzlichen oder der privaten Krankenversicherung abzuschließen, hängt von vielen **Unwägbarkeiten** ab: vom **Familienstand**, vom **Verdienst**, von der **Familienplanung**, von der **persönlichen Gesundheit**, von **Vorerkrankungen**, dem Wunsch nach einer **Selbstbeteiligung**, dem Streben nach **optimaler Absicherung**. In jedem Falle sollte sich der einzelne vor Abschluß einer Versicherung umfassend informieren, wie der sinnvolle Versicherungsschutz individuell aussehen muß.

Die wichtigsten Unterschiede zwischen gesetzlicher und privater Krankenversicherung

Die **wichtigsten Unterschiede** zwischen der **gesetzlichen** und der **privaten Krankenversicherung** können nur noch einmal zusammengefaßt werden, um einen wirklich ersten Überblick für Entscheidungshilfen zu geben. Im übrigen muß sich jeder bei verschiedenen Versicherungsunternehmen der privaten Versicherungswirtschaft, bei den gesetzlichen Krankenkassen oder auch bei Verbraucherschutzorganisationen erkundigen, um weitere Entscheidungshilfen zu erhalten.

Die wichtigsten Unterschiede wollen wir wie folgt zusammenfassen:

▸ **Vertrag**

Die gesetzliche Krankenversicherung (**GKV**) **muß** das Mitglied aufnehmen, die private Krankenversicherung (**PKV**) **kann ablehnen**, mit Risikozuschlag annehmen oder unbedingt annehmen.

▸ **Vorerkrankungen**

Bei der **GKV** spielen **Vorerkrankungen keine Rolle**, bei der PKV hat der Kunde Vorerkrankungen anzugeben, diese können zu Risikozuschlägen führen.

▸ Wartezeiten
Die PKV kennt unterschiedliche Wartezeiten mit Verkürzung bis auf deren Wegfall durch Gesundheitszeugnis, die **GKV** kennt **keine Wartezeiten**.

▸ Arztwahl
Der Patient in der **GKV** muß dem **Vertragsarzt** einen Krankenschein oder Überweisungsschein bzw. die Krankenversicherungskarte vorlegen, **Heilpraktiker** sind **nicht zugelassen**. Auch freiwillig versicherte Kassenmitglieder erhalten für die Behandlung bei einem Arzt ohne Kassenzulassung keine Erstattung. Der Patient in der **PKV** kann sich als Privatpatient durch **alle niedergelassenen Ärzte, Chefärzte** und **Zahnärzte** und **Heilpraktiker** behandeln lassen, und zwar bei jederzeitigem Wechsel ohne Überweisung.

▸ Arznei-, Heil- und Hilfsmittel
Der Patient in der **GKV** hat eine **gesetzlich festgelegte** gestaffelte **Zuzahlung** als **Selbstbeteiligung** zu leisten, und zwar nach Preisklassen gestaffelt. Für Hilfsmittel sind Festbeträge eingeführt, bei einigen beträgt die Zuzahlung 10% der Behandlungskosten für Personen ab vollendetem 18. Lebensjahr. Der Patient in der **PKV** erhält auf Rezepte der Ärzte, Zahnärzte und Heilpraktiker alle wissenschaftlich allgemein anerkannten Mittel, die **Höhe** der **Erstattung** richtet sich **nach** der **tariflich** vereinbarten Höhe und damit nach dem Versicherungsbeitrag.

▸ Krankenhaus
Der Patient in der **GKV** hat Anspruch auf **stationäre Behandlung** in zugelassenen Krankenhäusern mit unterschiedlicher Zuzahlung. Eine Unterbringung im Einbettzimmer besteht nur bei medi-

zinischer Notwendigkeit im Einzelfall, die Behandlung erfolgt durch die diensthabenden Ärzte. Der Patient in der PKV erhält je nach Versicherungstarif die Unterbringung im Mehrbett-, Zwei- oder Einbettzimmer sowie Chefarztbehandlung, den Gegenwert für seinen Beitrag bestimmt er selbst.

Die Budgetierung kann dazu führen, daß Krankenhäuser planbare Operationen von Kassenpatienten aus Kostengründen auf das nächste Jahr verschieben. Solche Wartezeiten kennt der Privatpatient nicht.

▸ Beiträge

Der **Beitrag** in der **GKV** ist **einkommensabhängig**, Bemessungsgrundlage ist die wirtschaftliche Belastbarkeit des Versicherten, für bestimmte Angehörige besteht Familienversicherung ohne Beitrag. Der Patient in der PKV zahlt seinen **Versicherungsbeitrag entsprechend** den gewünschten **Leistungen** nach Eintrittsalter, Geschlecht und Gesundheitszustand. Risikozuschläge bei Vorerkrankungen sind möglich, eine kostenlose Familienversicherung besteht nicht.

▸ Sonstige Leistungen

In der GKV hat der Versicherte Anspruch auf Gesundheitsuntersuchungen, Früherkennungsuntersuchungen, Gesundheitsförderung, Kuren, Zahnprophylaxe, in der PKV teils schon nach dem Bedingungswerk, teils nur bei Zusatztarifen und besonderen Beiträgen.

▸ Häusliche Krankenpflege und Haushaltshilfe

In der PKV sind diese Leistungen nicht vorgesehen, bei der GKV erfolgt Kostenübernahme in der Höhe der Vertragssätze bzw. bis zu einem täglichen Höchstbetrag.

▸ **Pflegehilfe**
In der **PKV** muß eine **zusätzliche Pflegekrankenversicherung** abgeschlossen werden, in der **GKV** besteht bis zur Einführung der Pflegeversicherung **kraft Gesetzes** ein Anspruch auf **Kostenübernahme** bis höchstens 750,– DM pro Monat bzw. bei selbst beschaffter Pflege 400,– DM pro Monat.

Weitere Unterschiede

Es bestehen noch zahlreiche weitere Unterschiede zwischen gesetzlicher und privater Krankenversicherung. Im Einzelfall hat der **Versicherte** selbst **kritisch** zu **prüfen**, welche Leistungen er braucht und welche Leistungen er wirtschaftlich durch seinen Beitrag bezahlen möchte. In jedem Fall **müssen** die **großen** und **teuren Risiken** uneingeschränkt versichert werden. Die Entscheidung für eine Krankenversicherung ist von oft erheblicher Bedeutung für die Lebensführung und darüber hinaus vielfach unwiderruflich. Da in der **GKV** **starke Bestrebungen** vorhanden sind, durch Budgetierung, Leistungsausgrenzung und Selbstbeteiligung der Mitglieder die Vollversicherung aus Kostengründen zu einer **Grundversicherung** zu verändern, wird die **PKV** als **Zusatzversicherung** oder auch als Alternative voraussichtlich erheblich an Bedeutung gewinnen.

III. Die neue Pflegeversicherung

1. Ein jahrzehntelanger Streit ist beendet

Nach etwa 20 Jahren Diskussion und teils heftigem politischem Streit um die Absicherung des Pflegefallrisikos ist am 1. 1. 1995 die Pflegeversicherung als Pflichtversicherung für die 80 Millionen Bundesbürger in Kraft getreten und löst damit auch die oben geschilderten Leistungen der Pflege in der gesetzlichen Krankenversicherung ab, allerdings in mehreren Stufen:

1.1.1995 Beginn der Beitragspflicht
1.4.1995 Beginn der Leistungen zur häuslichen Pflege
1.7.1996 Beginn der Leistungen zur stationären Pflege.

Fünfte Säule des Sozialversicherungssystems

Die Pflegeversicherung soll als **5. Säule** unseres **Sozialversicherungssystems** – nach der Krankenversicherung 1883, der Unfallversicherung 1884, der Rentenversicherung 1884 und der Arbeitslosenversicherung 1924 – heute die etwa **1,7 Millionen Pflegebedürftigen** sozial **absichern**. Bisher sind etwa 80 % der stationär versorgten Pflegebedürftigen auf die Sozialhilfe angewiesen, in den neuen Bundesländern nahezu 100 %. Durch die Pflegeversicherung wird der jetzige Zustand voraussichtlich nahezu umgekehrt. Knapp 80 % Heimpflegebedürftige werden nicht mehr auf Sozialhilfe angewiesen sein. Dies verdeutlicht die **gewaltige Umverteilung** der **volkswirtschaftlichen Kosten** durch die Pflegeversicherung. Was bisher vorwiegend aus Sozialhilfe und damit Steuern – und zu einem geringen Teil aus privaten Rücklagen – aufgebracht werden mußte, sollen künftig **allein** die **Arbeitnehmer** tragen. Der Arbeitgeberanteil soll zugunsten der Wirtschaft dadurch ausgeglichen werden, daß die Länder im Zusammenhang mit der 1. Stufe der Pflegeversicherung (häusliche Pflege) einen Feiertag, der stets auf einen Werktag fällt, abschaffen. Verzichtet ein Bundesland hierauf, übernehmen die Arbeitnehmer den gesamten Beitrag zur Pflegeversicherung. Mit Inkrafttreten der 2. Stufe (stationäre Pflege) zum 1.7.1996 hat der Gesetzgeber zu klären, ob ein zweiter Feiertag abgeschafft werden muß.

Letztlich finanzieren also die Arbeitnehmer durch Mehrarbeit und durch die Beiträge zugunsten der Länder, Gemeinden und der ebenfalls entlasteten Krankenkassen die Pflege. Da in Zukunft immer mehr ältere, kranke und pflegebedürftige Bundesbürger versorgt werden müssen, andererseits die Sozialabgaben begrenzt werden müssen, bleiben erhebliche Zweifel angemeldet, ob mit der Pflegeversicherung die notwendige Erneuerung unseres Sozialsystems erreicht wird und die Pflegeversicherung auf Dauer mit den bisherigen Beiträgen und Begleitmaßnahmen finanzierbar bleibt.

2. Wer ist in der sozialen und privaten Pflegeversicherung versichert?

Erstmals in der Geschichte der deutschen Sozialpolitik ist ein soziales Risiko des einzelnen selbst – hier der Pflegefall – durch eine Pflichtversicherung geregelt. **Jeder in** der **gesetzlichen Krankenversicherung Versicherte** wird **ohne** Antrag Mitglied der sozialen Pflegeversicherung.

Soziale Pflegeversicherung

Mitglieder der gesetzlichen Krankenkassen

Für die **Mitglieder** der **gesetzlichen Krankenkassen** werden bei diesen Pflegekassen errichtet, in die die Mitglieder **ohne Antrag übernommen** werden. Allerdings können sich **freiwillig Versicherte** bei Nachweis einer entsprechenden privaten Versicherung **bis 30.6.1995 befreien** lassen. Im übrigen besteht für die freiwillig Versicherten bei Eintritt eine Befreiungsmöglichkeit, z.B. wenn das Einkommen die Beitragsbemessungsgrenze übersteigt, ein Wahlrecht für drei Monate.

Mitversicherte

Unterhaltsberechtigte Kinder sind beitragsfrei mitversichert, **ebenso Ehegatten**, deren monatliches Gesamteinkommen die Geringfügigkeitsgrenze (1995: 580,– DM alte Länder, 480,– DM neue Länder) nicht übersteigt. Achtung: Zum Gesamteinkommen gehören auch z.B. Zinsen und Mieteinnahmen!

Beamte, Rentner

Beamte in der gesetzlichen Krankenversicherung behalten ihren Beihilfeanspruch und werden daher nur zu einem anteiligen Beitrag mit anteiligen Leistungen pflegeversichert. Auch die Rentner sind pflichtversichert, wobei der Rentenversicherungsträger eine Beitragshälfte trägt.

Private Pflegeversicherung

Pflegeversicherungsvertrag

Der **privat Krankenversicherte** ist gesetzlich **verpflichtet**, seit dem 1.1.1995 bei seinem Krankenversicherungsunternehmen einen **Pflegeversicherungsvertrag** abzuschließen. Wer seine Pflegeversicherung bei einem anderen Unternehmen abschließen will, hat hierfür ein Wahlrecht bis zum

30.6.1995. Das andere Unternehmen hat dann aber auch die private Krankenversicherung zu übernehmen – wegen des Verlustes etwaiger Altersrückstellungen ein Ausnahmefall.

Beamte und andere **beihilfeberechtigte Personen** behalten ihren Beihilfeanspruch und müssen einen entsprechenden **Teilkostenvertrag** abschließen.

Kündigungsrecht

Wer bereits bei einem privaten Versicherungsunternehmen gegen das Pflegefallrisiko versichert ist und pflichtversichert wird, kann den privaten Versicherungsvertrag kündigen. Ebenso können Familienangehörige, wenn sie mitversichert werden, den Versicherungsvertrag kündigen. Dasselbe Kündigungsrecht besteht, wenn – ein mehr theoretischer Fall – die Leistungen der privaten Pflegeversicherung nicht dem Leistungsumfang der sozialen Pflegeversicherung angepaßt werden. Das bedeutet also z. B.

- kein Ausschluß bei Vorerkrankungen
- kein Ausschluß Pflegebedürftiger
- gleicher Prämiensatz
- beitragsfreie Mitversicherung.

Keine Versicherungspflicht

Ergebnis: Eine Versicherungspflicht besteht nur für diejenigen nicht, die weder in einer gesetzlichen Krankenkasse noch bei einem Privatversicherer gegen das Krankheitsrisiko versichert sind. **Versicherungsfrei** sind auch die Personen, die sich auf nicht absehbare Dauer in stationärer Pflege befinden und bereits Pflegeleistungen nach dem Bundesversorgungsgesetz, Beamtenversorgungsgesetz oder entsprechenden Gesetzen erhalten.

3. Wer zahlt die Beiträge?

Die Beiträge für die Pflegekassen

Die Pflegekassen erheben seit dem 1. Januar 1995 einen Beitrag von 1 %, vom 1. Juli 1996 an einen Beitrag von 1,7 % des Arbeitsentgelts bis zur Beitragsbemessungsgrenze in der Krankenversicherung. Die Beiträge werden von den Versicherten und den Arbeitgebern jeweils zur Hälfte aufgebracht (Ausnahme: fehlende Feiertagsregelung, siehe oben Seite 77).

Die freiwillig Versicherten erhalten einen entsprechenden Beitragszuschuß. Für die **Bezieher** von **Arbeitslosengeld, Arbeitslosenhilfe, Eingliederungsgeld, Unterhaltsgeld** und **Altersübergangsgeld** zahlt die Bundesanstalt für Arbeit die Beiträge, für **Empfänger** von **Sozialleistungen** zum Lebensunterhalt und Behinderte der zuständige Sozialleistungsträger.

Der Beitrag der Rentner für die Pflege

Die **Beitragssätze** beziehen sich bei Rentnern auf die **Rente** und **andere Versorgungsbezüge**. Wer aber freiwillig versichert war und nach 1992 die Rente bezieht, hat auch sonstiges Einkommen wie Miet- und Zinseinnahmen als beitragspflichtig anzugeben. Sie haben den vollen Beitragssatz zu zahlen, während bei den übrigen Rentnern die Hälfte des Beitrages von den Rentenversicherungsträgern aufgebracht wird.

Der Beitrag der Privatversicherten

Der **Beitrag** in der **privaten Pflegeversicherung** wird nach dem **Kapitaldeckungsverfahren** gebildet und richtet sich nach dem Eintrittsalter des Versicherten und einem Ausgleichsbetrag, den die jüngeren Versicherten für die älteren Versicherten und die bereits Pflegebedürftigen zu zahlen haben. So wird z.B. nach **vorläufiger Kalkulation** die Prämie eines 20jährigen Versicherten bei 45,23 DM liegen. Der **Höchstbeitrag** ergibt sich aus der Beitragsbemessungsgrenze mit 58,50 DM, den bereits Versicherte im Alter von 41 Jahren zu zahlen haben. In den neuen Bundesländern ergibt sich zunächst wegen der niedrigeren Bemessungsgrenze ein Einheitsbeitrag von 45,41 DM. Die Beitragsbelastung der beihilfeberechtigten Beamten ist wegen der anteiligen Beihilfe naturgemäß halb so hoch.

Die **unterhaltsberechtigten Kinder** des privat Versicherten sind **beitragsfrei**, während für Ehegatten, deren Gesamteinkommen die Geringfügigkeitsgrenze nicht übersteigt, der halbe Beitrag erhoben wird.

In allen Fällen übernimmt der **Arbeitgeber** die **Hälfte** des **Beitrages** (bei Feiertagsabschaffung).

Im Einzelfall kann die **private Pflegeversicherung** bei identischem Leistungsangebot **langfristig günstigere Konditionen** bieten. Die Geburtsjahrgänge 1958 und später erhalten als steuerlichen Anreiz die Möglichkeit eines Sonderausgabenabzuges von 860,– DM je Person im Jahr für eine freiwillige Pflegezusatzversicherung.

4. Wer ist pflegebedürftig?

Pflegebedürftig sind **Personen**, die **wegen** einer **körperlichen**, **geistigen** oder **seelischen Krankheit** oder **Behinderung** für die gewöhnlichen und regelmäßig wiederkehrenden Verrichtungen im Ablauf des täglichen Lebens auf Dauer, voraussichtlich für mindestens 6 Monate, in erheblichem oder höherem Maße der **Hilfe bedürfen**. Die Krankheiten oder Behinderungen können sich also auf Körper, Geist und Seele, auf den Stütz- und Bewegungsapparat, die inneren Organe oder die Sinnesorgane, auf das Nervensystem oder die geistigen Fähigkeiten beziehen. Art und Umfang der Pflegebedürftigkeit hat der Medizinische Dienst der Krankenkassen festzustellen.

5. Die drei Stufen der Pflegebedürftigkeit und der Leistungskatalog

Umfang der Leistungen

Der **Umfang** der Leistungen richtet sich nach der Schwere der Pflegebedürftigkeit, für die der Gesetzgeber 3 Stufen gebildet hat:

▶ Stufe I: Erheblich Pflegebedürftige
Personen, die bei der Körperpflege, der Ernährung oder Mobilität für wenigstens zwei Verrichtungen **mindestens einmal täglich** der **Hilfe** bedürfen und zusätzlich mehrfach in der Woche Hilfe bei der hauswirtschaftlichen Versorgung bedürfen. Die Pflege muß mindestens 90 Minuten täglich betragen.

▶ Stufe II: Schwerpflegebedürftige
Personen, die **mindestens dreimal täglich** zu verschiedenen Tageszeiten der **Hilfe bedürfen** und

zusätzlich mehrfach in der Woche Hilfen bei der hauswirtschaftlichen Versorgung bedürfen.

▸ Stufe III: Schwerstpflegebedürftige
Personen, die **täglich rund um die Uhr** der Hilfe bedürfen und zusätzlich mehrfach in der Woche Hilfen bei der hauswirtschaftlichen Versorgung benötigen.

Pflegebedürftige, die bereits nach dem Recht der gesetzlichen Krankenversicherung am 31. März 1995 Pflegegeld in Höhe von 400,– DM oder Sachleistungen im Wert von 750,– DM erhalten haben, werden ab 1. April 1995 automatisch in die Pflegestufe II eingestuft. Sie können auch die Zuordnung in die Pflegestufe III beantragen, bis zum 30. Juni 1995 sogar mit rückwirkender Kraft ab 1.4.1995.

Leistungen bei häuslicher Pflege

Je nach Pflegestufe richten sich die Leistungen:
Bei **häuslicher Pflege** (ab 1.4.1995) werden als Sachleistung Pflegeeinsätze durch ambulante Dienste und Sozialstationen bis zum Wert von 750,– DM, 1.800,– DM bzw. 2.800,– DM erbracht, in besonderen Härtefällen bis zu 3.750,– DM.

Anstelle der **Sachleistung** kann der Versicherte bei eigener Sicherstellung der häuslichen Pflege je nach Stufe ein **Pflegegeld** von 400,– DM, 800,– DM oder 1.300,– DM monatlich **beanspruchen**. Wird die Sachleistung nicht voll in Anspruch genommen, kann der Versicherte ein entsprechend gemindertes Pflegegeld in Anspruch nehmen.

Zusätzlich besteht ein Anspruch auf eine Urlaubsvertretung bis zu vier Wochen im Gesamtwert von 2.800,– DM.

Daneben besteht ein Anspruch auf **Versorgung** mit **Pflegehilfsmitteln** wie Pflegebetten, Rollstuhl,

Gehwagen, Lifter, Polster. Bei notwendigen Umbaumaßnahmen kann ein Zuschuß bis zu 5.000,– DM gezahlt werden, der allerdings subsidiär ist. Kurzzeitpflege kann für längstens vier Wochen im Gesamtwert von bis zu 2.800,– DM im Jahr beansprucht werden.

Leistungen bei stationärer Pflege

Wenn **stationäre Pflege** erforderlich ist, übernimmt die Pflegeversicherung (ab 1. Juli 1996) die notwendigen Aufwendungen bis zu 2.800,– DM, in Härtefällen bis 3.300,– DM monatlich, aber nicht die Kosten für Unterkunft und Verpflegung.

Rechtsschutz

Ist der sozial Versicherte nicht mit der Einstufung in die Pflegegruppe oder dem Umfang der gewährten Leistungen einverstanden, kann er das **Sozialgericht** anrufen. Die Rechtsprechung stellt bereits jetzt **hohe Anforderungen** an die **Schwerpflegebedürftigkeit** und verlangt, daß der Betroffene in nahezu allen Bereichen des Alltags auf Hilfe angewiesen ist. Dafür genügt keinesfalls, nur einzelne Verrichtungen nicht ausüben zu können, sondern die Pflege muß umfassend erforderlich sein, und zwar mindestens seit 1 Monat und mindestens für einen weiteren Monat. Von 18 unterschiedlichen Verrichtungen muß Hilfe bei mindestens 14 Tätigkeiten erforderlich sein. Die Grundsatzentscheidung des Bundessozialgerichts Kassel vom 30. September 1993 kann dort unter dem Aktenzeichen 4 RK 1/92 angefordert werden.

6. Rehabilitation vor Pflege

Pflegeversicherung und **Krankenversicherung** berühren sich bei den Leistungen, die der **Rehabilitation**, also der Beseitigung der Pflegebedürftigkeit dienen. Durch die Neuregelung ist klargestellt, daß die Pflegebedürftigen einen Anspruch gegenüber ihrer Krankenkasse auf Leistungen der ambulanten medizinischen Rehabilitation haben. Kuren sind aber ausdrücklich ausgeschlossen. Konsequenterweise hätten die Pflegekassen die Kosten für die Pflegebedürftigen übernehmen müssen. Dann wäre aber der Beitragsrahmen von 1% bzw. 1,7% nicht zu halten gewesen.

7. Wie werden die Pflegepersonen sozial abgesichert?

Beitragszahlung für Pflegepersonen

Um die Pflegebereitschaft im häuslichen Bereich zu fördern, zahlt die Pflegeversicherung Pflegepersonen, die wegen der Pflege nicht oder nur halbtägig erwerbstätig sind, Beiträge zur gesetzlichen Rentenversicherung. Die Höhe der Beiträge richtet sich nach der Pflegestufe und dem wöchentlichen Pflegeaufwand:

Pflegestufe	Pflegeaufwand (in Stunden/Woche)	Beitragshöhe in DM	
		West	Ost
I	14	200,70	157,70
II	14	267,70	210,26
	21	401,41	315,39
III	14	301,06	236,54
	21	451,58	354,82
	28	602,11	473,09

Unfallschutz

Die Pflegepersonen genießen auch den Schutz der gesetzlichen Unfallversicherung.

Die deutlich bessere Absicherung der Pflegepersonen kommt vor allem den vielen Frauen – etwa 80 % der häuslichen Pflege wird von Frauen erbracht – zugute, die häufig auf Berufstätigkeit, Freizeit und Urlaub und die notwendige soziale Absicherung verzichten, um das behinderte Kind oder den Ehepartner bzw. Eltern zu pflegen. Hier liegt eine wesentliche Errungenschaft – mit Mißbrauchsgefahr – der neuen Pflegeversicherung.

IV. Der Patient und sein Arzt

Ein Patient, der seinen Arzt aufsucht, denkt an eines zuletzt: Welche **rechtliche Bedeutung** diese **Kontaktaufnahme** besitzt und welche juristischen Konsequenzen damit notwendigerweise verbunden sind oder verbunden sein können. Der Patient erwartet von seinem Arzt Rat und Hilfe; der Arzt – als Vertreter seines Standes dem Hippokratischen Eid und der Wissenschaft und Humanität verpflichtet – ist bestrebt, diese Erwartung zu erfüllen.

Das Arzt-Patienten-Verhältnis ist ein ganz besonderes: Eine Beziehung zwischen Hilfsbedürftigem und Helfer, geprägt von Vertrauen und Vertrauenswürdigkeit; oder – wie der Philosoph Karl Jaspers es als ideal formuliert hat – das Verhältnis »zweier vernünftiger Menschen, in dem der wissenschaftliche Sachkundige dem Kranken hilft«.

Solange dieses Verhältnis störungsfrei funktioniert, insbesondere die Vertrauensbasis erhalten ist, werden sich weder Arzt noch Patient für die **rechtlichen Dimensionen** ihrer Beziehung interessieren. Gerade von seiten der Ärzte, die zu Juristen traditionell in einer nicht völlig spannungsfreien Beziehung stehen, wird die tatsächlich zunehmende **»Verrechtlichung der Medizin«** keineswegs als Bereicherung begrüßt.

Wie kommt es zu dieser Verrechtlichung der Medizin?

Komplexes Gesundheitssystem

Das Gesundheitssystem der Bundesrepublik Deutschland ist im Verhältnis zu dem anderer Staaten – beispielsweise der USA – außerordentlich komplex. Im Rahmen wirtschaftlicher Vertretbarkeit soll ein **Optimum an Gesundheitsvorsorge, -erhaltung und -wiederherstellung** gewährleistet werden – eine Sicherung der Allgemeinheit, ohne Berücksichtigung individueller Leistungsfähigkeit und der Möglichkeit zur Entfaltung individueller Versorgungsinitiativen.

Dies verlangt organisatorische und institutionelle Maßnahmen, die wiederum als Grundlage umfassender und auf die einzelnen Regelungsnotwendigkeiten zugeschnittener Verordnungen und Gesetze bedürfen. Zu diesen Maßnahmen gehört die **Einrichtung des sozialen Versicherungswesens** mit Krankenkassen, kassenärztlichen und kassenzahnärztlichen Vereinigungen mit ihren Dachverbänden, deren Aufgaben und Kompetenzen in umfangreichen Gesetzeswerken wie der Reichsversicherungsordnung (RVO) und dem Sozialgesetzbuch (SGB) geregelt sind.

Wenn sich also Arzt und Patient in der Praxis, in der Klinik gegenüberstehen, so treten nicht nur »zwei vernünftige Menschen«, nicht nur Helfer und Hilfesuchender miteinander in Kontakt: Hinter dem Patienten steht seine **Krankenversicherung** – die gesetzliche oder die private –, hinter dem Arzt die **kassenärztliche** oder **kassenzahnärztliche Vereinigung** (KV oder KZV), die **Ärztekammern,** beim Krankenhausarzt auch der **Krankenhausträger.**

Damit wird die auf den ersten Blick einfache Arzt-Patienten-Beziehung schon komplizierter. Hinzu kommen die mit der Weiterentwicklung der medizinisch-technischen Möglichkeiten immer vielfältigeren und differenzierteren **gesetzlichen Regelungen** zum Beispiel durch das **Arzneimittelrecht, Geräte- und Hygieneverordnung,** ganz entscheidend und einschneidend durch die Gesundheitsreform mit dem **Gesundheitsstrukturgesetz** (GSG) und nicht zuletzt durch das **Haftungsrecht** des Bürgerlichen Gesetzbuches (BGB).

Kontrollfunktion des Rechtsstaates

Das Arzt-Patienten-Verhältnis ist also kein **»rechtsfreier Raum«** und kann es auch nicht sein. Dem Arzt sind mit dem Leben und der Gesundheit des Menschen höchstrangige Güter und Rechte anvertraut. Der Rechtsstaat, der diese Güter und Rechte von Verfassungsrang zu sichern und zu gewährleisten hat, muß in Wahrnehmung dieser Verpflichtung **Kontrollfunktion** ausüben.

Diese **Kontrolle** erfolgt durch **Behörden** und **Gerichte** auf der Grundlage eines komplexen Regel- und Normensystems.

Die wichtigsten dieser **Regeln** und **Normen** zu **kennen** und zu **verstehen,** erleichtert es Arzt und Patient, ihr Verhältnis in seinem Kernbereich vor grundsätzlich vermeidbaren Störungen zu sichern.

Zwischen Arzt und Patient besteht – juristisch gesehen – ein Vertrag, konkret: ein **Behandlungsvertrag.**

Der Arzt als Vertragspartner schuldet eine auf die Heilung des Patienten gerichtete Behandlung durch Beratung, Diagnose und Therapie – der Patient schuldet eine bestimmte, sich an der Gebührenordnung für Ärzte (GOÄ) orientierende Vergütung.

1. Wie kommt der Arztvertrag zustande?

Die Strukturen unseres Gesundheitswesens bringen es mit sich, daß zwischen den vertraglichen Beziehungen des **Kassenarztes** (oder Kassenzahnarztes) zum – gesetzlich versicherten – **Kassenpatienten** und denen des Arztes zum selbstzahlenden **Privatpatienten** unterschieden werden muß.

Vertragsschluß

Gemeinsam ist diesen vertraglichen Beziehungen folgendes:

Wie jeder andere Vertrag kommt auch der Arztvertrag durch **übereinstimmende Willenserklärungen** beider Beteiligten – Arzt und Patient – zustande. Diese Willenserklärungen müssen allerdings nicht ausdrücklich, auch nicht schriftlich und nicht in einer bestimmten Form abgegeben werden. Grundsätzlich genügt ein **»schlüssiges Verhalten«** der Vertragspartner. Der Patient begibt sich in die Praxis des Arztes mit dem Wunsch und Willen, untersucht und behandelt zu werden; der Arzt übernimmt die von ihm erwarteten Tätigkeiten.

Unterschiede Privat- und Kassenpatient

Hier beginnen die ersten **Unterschiede zwischen Privatpatient und Kassenpatient:** Der **Privatpatient** hat diese ärztlichen Tätigkeiten selbst zu bezahlen; aufgrund seiner vertraglichen Beziehungen zum Krankenversicherer werden ihm dann entsprechend den dortigen vertraglichen Vereinbarungen die Kosten zurückerstattet. Die Höhe des Vergütungsanspruches des Arztes richtet sich nach der Gebührenordnung für Ärzte (GOÄ) oder nach etwa getroffenen besonderen Honorarvereinbarungen.

Der **Kassenpatient** übergibt, bevor er den ersten

Kontakt zu seinem Arzt hat, in der Praxis seine **Krankenversicherungskarte.** Durch diese Übergabe wird er von den Ansprüchen des Arztes auf Bezahlung seiner Tätigkeit frei. Der Kassenpatient schuldet – im Gegensatz zum Privatpatienten – selbst nicht die Bezahlung der ärztlichen Leistung. Diese wird erbracht seitens der Kassenärztlichen Vereinigung (KV) – deren Zwangsmitglied der Kassenarzt ist – aufgrund der öffentlich-rechtlichen Beziehungen zu den Sozialversicherungsträgern (Krankenkassen).

Wichtig

Allein durch die Übergabe der Krankenversicherungskarte kommt noch **kein** Behandlungsvertrag zustande. Nicht anders als beim Privatpatienten entstehen auch beim Kassenpatienten **erst mit Beginn** der **Behandlung** eigene vertragliche Beziehungen zu seinem Arzt.

Vertrag bei Notfällen?

Besondere Fragen stellen sich in den Fällen, in denen der erste Kontakt zwischen Arzt und Patient telefonisch, in einem Notfall oder bei Bewußtlosigkeit des Patienten stattfindet. Das sind Fälle, in denen Willenserklärungen möglicherweise nicht eindeutig oder überhaupt nicht abgegeben werden (siehe dazu Seite 92f.).

Telefonische Beratung – Ein Vertrag?

Wendet sich ein Patient telefonisch an einen Arzt mit der Bitte um Hilfe – sei es die Bitte um Rat oder um einen Hausbesuch – und kommt der Arzt dieser Bitte nach, erteilt er Ratschläge oder fordert er den Patienten auch nur auf, sich bei Fortbestehen der Beschwerden ggf. wieder zu melden, so kommt ein Behandlungsvertrag zustande.

Will der Arzt, der von dem Patienten selbst oder von seinem Angehörigen telefonisch konsultiert wird, keine vertraglichen Beziehungen begründen, so muß er dies ausdrücklich und unmißverständlich mitteilen.

Behandlung im Notfall – Ein Vertrag?

Im Notfall oder bei einem Unfall muß der Arzt – sei es, daß er zufällig mit der Not- oder Unfallsituation konfrontiert wird, sei es, daß er im Rahmen des ärztlichen Notdienstes eingesetzt ist – die erforderlichen Untersuchungen und Behandlungen vornehmen. Diese Behandlung schuldet er jedoch **nicht aufgrund eines Vertragsschlusses.** Er schuldet sie vielmehr mit Rücksicht auf seine **Standespflichten,** seine **Dienstpflichten** als Notarzt und aufgrund seiner im Strafrecht verankerten **»Garantenstellung«.**

Geschäftsführung ohne Auftrag

Im zivilrechtlichen Sprachgebrauch ist diese Behandlung eine **»Geschäftsführung ohne Auftrag«** (GoA). Das heißt nicht, daß der Arzt in Ermangelung einer vertraglichen Beziehung keinen Honoraranspruch besitzt. Der Privatpatient hat die Aufwendungen des (Not-)Arztes nach den Vorschriften der GoA leistungsgerecht selbst auszugleichen.

Ist der Notfallpatient gesetzlich versichert, so erwirbt der Arzt aus dem gleichen Rechtsgrund einen Zahlungsanspruch gegenüber der Kassenärztlichen Vereinigung (KV).

Das gleiche gilt für den **bewußtlosen Patienten,** der einen eigenen Willen zum Abschluß eines Vertrages gar nicht äußern kann. Der Arzt handelt dann in Wahrnehmung der Interessen des Patienten, um eine ihm drohende akute Gefahr abzuwenden. Selbstverständlich kann sich an eine solche Notfallbehandlung, die selbst noch keine vertraglichen Verpflichtungen begründet, eine vertragliche Beziehung anschließen. Vorausgesetzt, beide Beteiligten – Arzt und Patient – wünschen dies.

Muß der Arzt jeden Patienten behandeln?

Kein »Kontrahierungszwang«

Der Patient kann sich seinen Arzt – freie Arztwahl –, der Arzt aber auch seinen Patienten »aussuchen«. Es besteht also im Arztrecht ebenso wie in anderen zivilrechtlichen Beziehungen **Vertragsfreiheit** (Privatautonomie).

Der Arzt kann die Behandlung eines Patienten ablehnen, wenn er davon überzeugt ist, daß das notwendige Vertrauensverhältnis nicht besteht; er ist nicht verpflichtet, einen ihm vom Patienten durch sein Erscheinen in der Praxis und durch die Bitte um Behandlung angebotenen Vertrag tatsächlich abzuschließen. Der **Arzt** steht **nicht unter »Kontrahierungszwang«.**

Ausnahmen

Wichtige Ausnahme: Die soeben besprochenen Notfälle.

Weitere Ausnahme: Der langjährige Patient des Hausarztes, der sich wegen der dauerhaften Beziehung auf deren Fortsetzung im aktuellen Krankheitsfall verlassen darf. Diese Grundsätze gelten für den privat liquidierenden Arzt ebenso wie für den Kassenarzt.

Hat der Kassenarzt besondere Pflichten?

Behandlungsverpflichtung

Mit seiner Zulassung als Kassenarzt und seiner Mitgliedschaft in der kassenärztlichen oder kassenzahnärztlichen Vereinigung (KV oder KZV) tritt der Arzt in eine **öffentlich-rechtliche Verpflichtung** ein. Er ist zwar weiterhin frei in seiner Berufsausübung – also nicht etwa weisungsgebunden –, aber er ist verpflichtet, in der gesetzlichen Krankenversicherung versicherte Patienten zu behandeln. Im Weigerungsfalle ist er disziplinarischen Maßnahmen der für ihn zuständigen KV oder KZV ausgesetzt.

Ablehnung der Behandlung aus triftigem Grund

Dennoch: In begründeten Fällen kann auch der Kassenarzt die Behandlung ablehnen; die Ablehnung darf lediglich nicht willkürlich sein. **Triftige Gründe für eine Ablehnung** stellen beispielsweise dar:

- fehlendes Vertrauensverhältnis,
- Nichtbefolgen ärztlicher Anordnungen,
- Überlastung des Arztes,
- erstrebte systematische, fachfremde Behandlung,
- querulatorisches oder sonst unqualifiziertes Verhalten des Patienten,
- das Begehren von Wunschrezepten,
- das Verlangen nach ärztlich nicht indizierten und damit unwirtschaftlichen Behandlungsmaßnahmen,
- das Verlangen nach einer Behandlung, die dem Arzt standesrechtlich untersagt ist oder die gegen die »guten Sitten« i.S.d. § 138 BGB verstößt (Beispiel: aktive Sterbehilfe, Tötung auf Verlangen),
- Verlangen eines Besuches außerhalb des Praxisbereiches ohne zwingenden Grund und außerhalb eines Notfalles,
- Nichtvorlage eines Berechtigungsscheins für

Mutterschaftsvorsorgeleistungen und sonstige Früherkennungsmaßnahmen,

- Besuchsanforderung außerhalb des üblichen Praxisbereiches,
- riskante Eingriffe, deren Durchführung nicht zur Lebensrettung erforderlich sind,
- Wunsch auf Schwangerschaftsabbruch aus nicht medizinischer Indikation,
- weite Entfernung zwischen Arztpraxis und Wohnung des Patienten, wenn andere Praxisärzte näher wohnen,
- Verlangen des Patienten nach einer Behandlung, die außerhalb des Fachgebietes des Arztes liegt,
- Verlangen des Patienten nach Überweisung an einen anderen Arzt zur Kontrolle der Befunde eines zuvor behandelnden Arztes.

Kein triftiger Grund zur Ablehnung ist eine **fehlende Krankenversicherungskarte.** Innerhalb von 10 Tagen nach der erfolgten Behandlung muß die Karte jedoch nachgereicht werden. Andernfalls ist der Kassenarzt auch gegenüber dem Kassenpatienten berechtigt, eine Privatliquidation zu erstellen.

Behandlungsablehnung wegen Aids?

Im Gegensatz zum Arzt in Privatpraxis kann der Kassenarzt auch die **Behandlung eines HIV-infizierten Patienten** nicht ohne weiteres ablehnen. Während der Arzt in Privatpraxis sich darauf berufen darf, seine übrigen Patienten könnten aus Angst vor einer Übertragung von der Praxis fernbleiben, so ist dem Kassenarzt dieser Ablehnungsgrund verwehrt.

Der Kassenarzt muß also – anders als der privat liquidierende Arzt – gute Gründe angeben können, um den Abschluß eines Behandlungsvertrages mit einem gesetzlich versicherten Patienten abzulehnen.

2. Wie wird der Arztvertrag beendet?

Auch bei der Beendigung oder Auflösung eines Behandlungsvertrages gibt es beachtenswerte Unterschiede zwischen Kassenarzt und Kassenpatient einerseits und privat liquidierendem Arzt und Privatpatienten andererseits.

Gemeinsam ist beiden vertraglichen Beziehungen folgendes:

Sinn und Zweck ist mit der **Genesung** des Patienten erreicht. Damit endet die vertragliche Beziehung. Gleiches gilt auch für den Fall, daß der Arzt von dem Patienten in Anspruch genommen wurde, um eine bestimmte und begrenzte diagnostische oder therapeutische Maßnahme – z.B. Röntgenuntersuchung, Impfung, Entfernung eines Muttermals – vornehmen zu lassen.

Keiner Erörterung bedarf es, daß die vertraglichen Beziehungen auch durch den Tod des Patienten oder des Arztes beendet werden.

Wichtig

Die Beziehungen zwischen Patienten und **Hausarzt** – seien sie auch noch so intensiv und von langer Dauer – begründen keine dauerhafte vertragliche Beziehung, **kein Dauerschuldverhältnis.** Mit jeder einzelnen Inanspruchnahme oder Kontaktaufnahme wird – unter den schon erörterten Voraussetzungen – ein jeweils neues Vertragsverhältnis begründet.

Kündigung – Geht das?

Bei der Frage nach der Kündigung spielt eine bereits erwähnte Besonderheit der vertraglichen Beziehungen zwischen Arzt und Patient eine wichtige Rolle: das **Vertrauensverhältnis,** auf dem diese

Beziehung beruht. Mit Rücksicht auf diese Vertrauensbasis kann der Behandlungsvertrag – im Gegensatz zu der Mehrzahl anderer Verträge wie z.B. Mietvertrag oder Arbeitsvertrag – **ohne Einhaltung einer Frist** gekündigt werden. Diese Regelung trägt der Tatsache Rechnung, daß mit Verlust der Vertrauensbasis auch die Grundlage des Behandlungsvertrages nicht mehr existiert.

Wirksamwerden der Kündigung

Wichtig: Während bei der Begründung des Vertragsverhältnisses schon der Besuch des Patienten in der Arztpraxis und der Beginn der Behandlung durch den Arzt ausreicht, genügt es im Falle der Kündigung nicht, daß der Patient nicht mehr bei seinem Arzt erscheint. Er muß seinen Willen, die Behandlung abzubrechen, dem Arzt deutlich machen. Erst dann wird die Kündigung wirksam.

Damit enden die Gemeinsamkeiten zwischen Patienten – Kassen- und Privatpatienten – sowie Ärzten – Kassen- und Nichtkassenärzten – im Zusammenhang mit der Beendigung des Behandlungsvertrages. Kommt es – sei es durch den Arzt oder durch den Patienten – zu einer Kündigung des Vertrages, so gelten jeweils Besonderheiten.

Kündigung – Was muß der Privatpatient beachten?

Kurz: Gar nichts! Er muß **nicht einmal** einen **Grund** für seine Kündigung angeben. Es genügt, daß er das **Vertrauensverhältnis** als **gestört** empfindet. Der Anspruch des Arztes auf Honorierung der bis zur Kündigung erbrachten Leistung bleibt selbstverständlich bestehen.

Kündigung – Was muß der Kassenpatient beachten?

Im Gegensatz zum Privatpatienten, der alleiniger Vertragspartner und auch Kostenschuldner des Arztes ist, hat der Kassenpatient Rücksichten im Hinblick auf die hinter ihm stehende Krankenkasse zu nehmen – jedenfalls dann, wenn er die Kostenübernahme durch die Krankenversicherung nicht gefährden will.

Angabe eines wichtigen Grundes

Der Kassenpatient kann sich nicht darauf beschränken, das Vertrauensverhältnis in Frage zu stellen. Er muß einen **wichtigen Grund** angeben können, falls er während eines Quartals den Behandlungsvertrag aufkündigen und einen anderen Arzt in Anspruch nehmen will. Wechselt der Kassenpatient ohne wichtigen Grund den Arzt, so kann die Krankenversicherung dem Patienten die Versicherungsleistungen verweigern.

Das heißt praktisch: Die Krankenkasse bzw. die kassenärztliche Vereinigung übernimmt zwar die Behandlungskosten bis zur Kündigung, nicht aber die Kosten der weiteren Behandlung; der Kassenpatient schuldet dann persönlich das Honorar des weiterbehandelnden Arztes.

Wann und wie darf der Arzt kündigen?

Der Arzt trägt gegenüber seinem Patienten eine hohe Verantwortung. Deshalb gilt – für den Kassenarzt ebenso wie für den privat liquidierenden Arzt – sein grundsätzlich bestehendes jederzeitiges Kündigungsrecht nicht ohne eine wesentliche, dieser Verantwortung Rechnung tragende **Einschränkung:** Er muß die Weiterbehandlung seines Patienten sicherstellen oder sichergestellt wissen.

Beschränkungen

Bei der Auflösung eines Behandlungsvertrages durch den Arzt unterliegt dieser ähnlichen **Beschränkungen** wie der Kassenarzt bei der Begründung des Vertrages. So wie der Arzt – Kassenarzt und Privatarzt – einen Patienten nicht ohne weiteres ablehnen darf, so darf er auch **nicht ohne weiteres kündigen.** Auch hier erlegen ihm seine **Standesregeln** – der Hippokratische Eid – und das Strafgesetzbuch – die Garantenstellung – besondere Verpflichtungen auf.

Konkret: Der Arzt darf einen akut hilfsbedürftigen Patienten nicht ohne die notwendige Hilfe sich selbst überlassen.

Angabe eines wichtigen Grundes

Kassenarzt ebenso wie Privatarzt müssen – ähnlich wie der Kassenpatient – für eine Kündigung einen **wichtigen Grund** angeben können. Außerdem: An die Beurteilung, ob tatsächlich im konkreten Fall ein wichtiger Grund vorlag, werden **strenge Anforderungen** gestellt.

Wichtige Gründe

Wichtige Gründe, die diesen strengen Anforderungen genügen, sind zum Teil die gleichen, die zur Ablehnung des Abschlusses eines Behandlungsvertrages berechtigen. Ein wichtiger Grund in diesem Sinne liegt etwa in folgenden Fällen vor:

- der Patient beschimpft, beleidigt, verleumdet seinen Arzt;
- er weigert sich hartnäckig, ärztlichen Anordnungen – sei es Medikamenteneinnahme, sei es ein Rauchverbot oder seien es bestimmte Verhaltensregeln – Folge zu leisten;
- wiederholte objektiv sinnlose Belästigungen zur Unzeit durch Telefonanrufe.

Meinungsverschiedenheiten – etwa die Weigerung des Patienten, sich von seiten des Arztes empfohlenen Maßnahmen, Eingriffen oder einer stationären Krankenhausbehandlung zu unterziehen – stellen nicht ohne weiteres einen triftigen Grund zur Kündigung durch den Arzt dar. Läßt ein Patient etwa die vom Arzt als wünschenswert erachtete Kooperationsbereitschaft vermissen, ohne dabei querulatorisch zu sein, so hat der Arzt dieses Verhalten als Ausdruck des Selbstbestimmungsrechtes seines Patienten zu respektieren. Ein Kündigungsgrund ist das nicht.

3. Der Arztvertrag – Was ist das?

Bevor wir uns der formalen Frage nach der »**Rechtsnatur**« des Arztvertrages zuwenden, soll und muß ein Gesichtspunkt, der sich wie ein »roter Faden« durch die Rechtsprechung zieht, nochmals betont werden: Das **Verhältnis** zwischen **Arzt** und **Patient** ist weit **mehr als** eine **juristische Vertragsbeziehung.** Der Arzt erbringt seine Leistungen – anders als der Verkäufer gegenüber dem Käufer, der Vermieter gegenüber dem Mieter, der Arbeitgeber gegenüber dem Arbeitnehmer, der Handwerker gegenüber seinem Auftraggeber – nicht mit dem Ziel, einer vertraglichen Verpflichtung zu genügen. Die **ärztliche Leistung** ist vielmehr geprägt von den Geboten der **ärztlichen Standesethik,** dem Gebot der **Nächstenliebe** und der **Menschlichkeit;** die Beziehung zwischen Arzt und Patient lebt von dem gegenseitigen Vertrauen.

Diesen Gedanken hat das Bundesverfassungsgericht in einer Entscheidung aus dem Jahre 1979 betont und der Bundesgerichtshof seit den 50er Jahren in vielen Fällen hervorgehoben. Deshalb wird gerne in Rechtsprechung und Literatur für das Arzt-Patienten-Verhältnis die Formulierung **»Rechtsverhältnis sui generis«** – also ein Rechtsverhältnis »eigener Art« – oder auch der Begriff **»partnerschaftliche Zusammenarbeit«** und **»therapeutisches Arbeitsbündnis«** verwendet.

Wenn also im Folgenden von formalen rechtlichen Einordnungen des Arztvertrages als **»Werkvertrag«** oder **»Dienstvertrag«** die Rede ist, so ist dies immer vor dem Hintergrund der besonderen Qualität der Arzt-Patienten-Beziehung zu sehen und zu verstehen.

Muß der Arzt für den »Erfolg« seiner Behandlung geradestehen?

Ganz allgemein ist aus rechtlicher Sicht das Verhältnis zwischen Arzt und Patient ein vertragliches »Schuldverhältnis«.

Die Frage ist nur: **Was wird geschuldet?**

Werk- oder Dienstvertrag?

Die Beantwortung dieser Frage entscheidet darüber, ob der Behandlungsvertrag ein »Werkvertrag« oder ein »Dienstvertrag« ist.

Im Rahmen eines **Werkvertrages** verpflichtet sich der eine Vertragspartner zur Herbeiführung eines bestimmten Arbeitsergebnisses, eines **Erfolges** – der andere Vertragspartner verpflichtet sich, dafür die vereinbarte Vergütung zu zahlen. Beim **Dienstvertrag** wird der eine Vertragspartner zur Leistung der versprochenen **Dienste** – der andere Vertragspartner zur Leistung ebenfalls der vereinbarten Vergütung verpflichtet.

Auch wenn dies auf den ersten Blick für den juristischen Laien unbedeutend erscheinen mag, so hat die Einordnung des Behandlungsvertrages unter eine dieser beiden Vertragsformen weitreichende Konsequenzen. Der leidende Patient, der seinen Arzt aufsucht, erwartet von diesem Linderung und Beseitigung seines Leidens, Wiederherstellung der Gesundheit. Würde man den zwischen Arzt und Patient zu schließenden Behandlungsvertrag rechtlich als **Werkvertrag** beurteilen, so bestünden die vertraglichen Leistungspflichten des Arztes in der **Wiederherstellung** der Gesundheit seines Patienten. Leidet der Patient trotz ärztlicher Bemühungen weiter, dann wäre der Arzt seine vertragliche Leistung schuldig geblieben – der Patient könnte »Gewährleistungsansprüche«, gerichtet auf Vertragserfüllung (also Heilung), geltend machen und den Arzt wegen Nichterfüllung des Vertrages zur Rechenschaft ziehen.

Gesundheitsgarantie durch den Arzt?

Nehmen wir als Beispiel den Patienten, der mit diffusen Bauchschmerzen seinen Arzt aufsucht:

Ursache für diese Bauchschmerzen kann ein entzündeter Blinddarm sein – der Arzt müßte diesen entfernen. Ursache können Magengeschwüre sein – der Arzt müßte diese operativ oder medikamentös behandeln. Ursache können auch Darmerkrankungen sein, die entsprechend zu behandeln wären. In vielen Fällen wird der Patient nach der ärztlichen Behandlung tatsächlich schmerzfrei, wieder gesund sein. Es gibt jedoch auch Fälle, in denen trotz aller ärztlichen Bemühungen die Schmerzfreiheit nicht wieder herbeizuführen, die Gesundheit nicht wieder herzustellen ist. Man denke beispielsweise an Krebserkrankungen, die ebenfalls als Ursache für die vom Patienten beklagten Bauchschmerzen in Betracht kommen. Wollte man dem Arzt als vertragliche Verpflichtung den **Erfolg** abverlangen – genau diesen schuldet er nämlich im Rahmen des Werkvertrages –, so müßte er faktisch eine **Gesundheitsgarantie** übernehmen. Eine solche Garantie aber kann kein Arzt geben.

Trotz aller diagnostischen und therapeutischen Möglichkeiten, trotz aller Fortschritte in der Medizin, trotz aller ärztlichen Sorgfalt ist **Gesundheit** nach wie vor **kein »käufliches Gut«.** Krankheit kann auch Schicksal sein und ist dann als solches zu tragen. Der Mensch ist keine Maschine, die nach kalkulierbaren Gesetzmäßigkeiten funktioniert bzw. nicht funktioniert und dann zu reparieren ist. Der Mensch ist ein lebender Organismus mit individuellen Dispositionen, nicht immer vorhersehbaren und beeinflußbaren Abläufen unterworfen, von physiologischen und psychischen Unwägbarkeiten abhängig.

Den Arzt als Schuldner eines Werkvertrages zu betrachten, würde bedeuten, von ihm Unmögliches – nämlich eine **Erfolgsgarantie** im Sinne einer **Gesundheitsgarantie** zu fordern. Auch ein Anwalt schuldet seinem Mandanten nicht den Erfolg, sondern lediglich die ordnungsgemäße Vorbereitung und Führung eines Prozesses bzw. eine sachgerechte Interessenwahrnehmung seines Mandanten im Rahmen einer außergerichtlichen Streitigkeit.

Arztvertrag als Dienstvertrag und die rechtlichen Konsequenzen

Es ist deshalb mittlerweile absolut herrschende Meinung, daß die Pflichten eines Arztes gegenüber seinem Patienten – ebenso wie die Pflichten eines Anwalts gegenüber seinem Mandanten – sich nicht nach werkvertraglichen Bestimmungen, sondern nach den Bestimmungen über den Dienstvertrag richten. Die für den Patienten wichtigen **rechtlichen Konsequenzen** sind die folgenden:

- Es gibt **keine »Gewährleistungsansprüche«** des

Patienten gegen seinen Arzt, da der Arzt eben nicht für den Erfolg »geradestehen« muß.

▶ Aber: der Arzt hat auch **kein »Nachbesserungsrecht«** wie etwa der Kfz-Mechaniker, dem bei der Reparatur des Fahrzeugs ein Fehler unterlaufen ist und der noch einen weiteren Reparaturversuch unternehmen darf, bevor der Kunde berechtigt ist, Schadenersatz zu verlangen. Unterläuft einem Arzt ein Fehler, so löst diese Tatsache sofort Ersatzansprüche des Patienten wegen **»Nichterfüllung«** oder **»Schlechterfüllung«** des Dienstvertrages aus.

▶ Und: Ansprüche des Patienten gegen seinen Arzt aus dem Dienstvertrag **verjähren erst nach 30 Jahren** und nicht – wie beim Werkvertrag – bereits nach 6 Monaten.

Wie wichtig und sachgerecht die rechtliche Beurteilung des ärztlichen Behandlungsvertrages als Dienstvertrag ist, wird sich später noch im Zusammenhang mit den Problemen der Arzthaftung zeigen.

Inhalt des Dienstvertrages

Was aber **schuldet** der **Arzt** genau **in Erfüllung** des **Dienstvertrages?** Er schuldet ganz allgemein die »Heilbehandlung«. Dazu gehören alle **Eingriffe** und **Behandlungen,** die ein Arzt am Körper eines Menschen vornehmen muß, um Krankheiten psychischer und physischer Art, Leiden, Körperschäden, körperliche Beschwerden zu verhüten, zu erkennen, zu heilen oder zu lindern. Diese »Heilbehandlung« muß den **Regeln der ärztlichen Kunst** (»lege artis«) und dem **»medizinischen Standard«** des jeweiligen Fachgebietes entsprechen.

Behandlung nach »ärztlichen Standards«

»Ärztliche Standards« sind Handlungsempfehlungen – Festlegungen, aus denen sich allgemein anerkannte und praktisch bewährte Richtlinien für ärztliche Entscheidungen und ärztliches Handeln sowohl bei der Diagnostik wie bei der Therapie ergeben. So einfach und unproblematisch diese Formulierung auch klingen mag: Der Begriff »Standard« ist eine **»Leerformel«**, um deren inhaltliche Präzisierung sich sowohl Mediziner wie Juristen intensiv bemühen. Es gibt zwischenzeitlich eine Vielzahl von Veröffentlichungen und einen regen interdisziplinären Meinungsaustausch, ohne daß es bisher gelungen ist – und möglicherweise auch nie gelingen wird –, eine allgemein verbindliche und konkrete Begriffsbestimmung vorzunehmen. Die Standard-Diskussion orientiert sich an **medizinischen Maßstäben** der jeweiligen Fachgebiete, wird jedoch auch beeinflußt von **rechtlichen Überlegungen** und – insbesondere nach dem Inkrafttreten des Gesundheitsstrukturgesetzes (GSG) – von **Forderungen nach wirtschaftlicher Verträglichkeit** der einzelnen diagnostischen und therapeutischen Maßnahmen.

Die für Juristen wie für Mediziner gleichermaßen hochbrisante Frage »Was ist ärztlicher Standard?«, was ist der konkret geschuldete Inhalt der ärztlichen Leistungspflicht, kann also ohne weiteres nicht beantwortet werden. Ein Patient, der »erfolgreich behandelt«, geheilt wird, stellt sich diese Frage gar nicht. Sie wird erst dann für ihn interessant, wenn der Heilungs-»Erfolg« ausbleibt, eventuell im Zusammenhang mit der ärztlichen Behandlung sogar ein Gesundheitsschaden eintritt und der Patient vermutet, daß seinem Arzt ein Fehler unterlaufen sei.

»Entsprach die ärztliche Behandlung dem zu fordernden medizinischen Standard?« – das ist die Frage, die im Rahmen eines Arzthaftungsprozesses zu beantworten ist. Mit diesem Problem beschäftigt sich das spätere Kapitel V.

Keine »Erfolgsgarantie« – Eine Regel ohne Ausnahme?

Schönheitschirurgie

So ohne weiteres wird die Feststellung: »Kein Arzt garantiert für den Erfolg seiner Behandlung« dem juristischen Laien nicht einleuchten. Denken Sie z.B. an den **Schönheitschirurgen,** der seiner Patientin verspricht: »Sie bekommen eine wunderschöne gerade Nase.«

Will und muß dieser Chirurg nicht für den sichtbaren Erfolg seiner Behandlung eine Garantie übernehmen?

Muß er nicht dafür haften, wenn die Nase nach dem Eingriff weder wunderschön noch gerade ist? Die Rechtsprechung beantwortet diese Fragen eindeutig mit »Nein«. Auch wenn er eine kosmetische Operation zum Gegenstand hat, ist der Arztvertrag kein Werkvertrag, sondern ein Dienstvertrag. Auch hier gilt: Der Arzt kann den Erfolg einer Operation am lebenden Organismus nicht garantieren. Auch wenn der Schönheitschirurg **Hoffnungen** bezüglich des angestrebten Erfolges seiner Behandlung weckt, so ist dies **kein werkvertragliches Erfolgsversprechen.**

Sterilisation

Das gleiche gilt für die erwünschte **Sterilisationsoperation** und einen – gesetzlich erlaubten – **Schwangerschaftsabbruch.**

Der Arzt schuldet in beiden Fällen lediglich das Bemühen, durch einen kunstgerechten ärztlichen Eingriff die künftige Zeugungs- oder Empfängnisfähigkeit zu verhindern bzw. eine eingetretene Schwangerschaft zu beenden. Damit ist zwar ein konkreter »technischer Erfolg« Gegenstand des Arztvertrages. Für diesen Erfolg kann und will der Arzt jedoch nicht garantieren. **Er verspricht lediglich die Durchführung des Eingriffs, der einen**

bestimmten Erfolg zu bewirken geeignet ist. Auch hier gilt: Der Eintritt des angestrebten Erfolges – Sterilität bzw. Beendigung der Schwangerschaft – ist nicht nur von dem lege artis vorgenommenen Eingriff, sondern auch von physischen und psychischen Dispositionen des einzelnen Patienten abhängig, die ein Arzt nicht vollständig beherrschen kann.

Künstliche Befruchtung

Auch für den juristischen Laien nachvollziehbar ist das Versagen einer ärztlichen »Erfolgsgarantie« im Zusammenhang mit **Techniken der modernen Fortpflanzungsmedizin.** Ziel der ärztlichen Behandlung ist es, den Kinderwunsch der Patienten zu erfüllen. Der Arzt schuldet aber selbstverständlich nicht den tatsächlichen Eintritt einer Schwangerschaft oder gar die Geburt eines gesunden Kindes. Er schuldet lediglich die Anwendung der Befruchtungstechniken, die geeignet sind, den erhofften Erfolg herbeizuführen.

Zahnärztliche und zahnprothetische Behandlung

Weniger einleuchtend und daher auch nach wie vor Gegenstand von Meinungsverschiedenheiten zwischen den Juristen sind **zahnärztliche** und insbesondere **zahnprothetische Behandlungen.**

Die Tätigkeit des Zahnarztes mit dem Ziel der Erhaltung der Zähne und der Wiederherstellung der Kaufähigkeit des Gebisses ist vielgestaltig. Es gehört hierzu die Konservierung von Zähnen (Füllungen, Wurzelbehandlungen), chirurgische Maßnahmen wie Entfernung von Zähnen und Eingriffe am Kiefer, die Versorgung bei Erkrankung der Mundschleimhaut und des Zahnfleisches (Parodontosebehandlung), aber auch kieferorthopädische (Zahnspangen, Bracketts) und prothetische Versorgung. Alle **zahnärztlichen Behandlungen – konservierende, chirurgische, kieferorthopädi-**

sche und **parodontologische** Maßnahmen – sind Leistungen, die nach dem Recht des **Dienstvertrages** beurteilt werden. Darüber besteht kein Streit mehr. Anders die prothetische Versorgung: Die Vorbereitung des Kiefers, die Stumpfversorgung, die Modellherstellung und Ermittlung der Kieferrelation, die Einprobe und Eingliederung des auf einwandfreie Funktion überprüften und erforderlichenfalls auch korrigierten Zahnersatzes selbst ist eine »**Heilbehandlung**« und als solche – wie auch andere ärztliche Leistungen – dem Dienstvertragsrecht zugeordnet.

Technische Anfertigung von Zahnersatz als Werkvertrag

Die **technische** Anfertigung des Zahnersatzes aber ist ein »**Werk**«. Bei der Prothese selbst geht es nur um ihre handwerklich einwandfreie Fertigung – nach den vom Zahnarzt genommenen Abdrücken – und nicht etwa um individuelle Dispositionen und unkalkulierbare Reaktionen des Patienten, die als Unwägbarkeiten den »Erfolg« jeder ärztlichen Behandlung zu beeinflussen vermögen.

Die **technische Herstellung** der Prothese richtet sich deshalb nach dem Recht des **Werkvertrages.** Konsequenzen:

- Der Zahnarzt bzw. das von ihm beauftragte Zahnlabor hat ein »**Nachbesserungsrecht**« für den Fall einer fehlerhaft angefertigten Prothese.
- Der Patient hat **Gewährleistungsansprüche,** d.h. er kann auf ordnungsgemäße, fehlerfreie (Neu-)Herstellung der Prothese bestehen.
- Diese Ansprüche auf Gewährleistung und auf Schadenersatz **verjähren nach 6 Monaten.**

Zahnkronen

Weiterhin heftig umstritten ist die »Rechtsnatur« von **Zahnkronen.** Der Bundesgerichtshof hat sich entschieden: Die Fertigung und Einpassung von

Zahnkronen zählt zu den spezifischen zahnärztlichen Behandlungen – gleichgültig, ob diese Zahnkronen im Zusammenhang mit einer zahnprothetischen Behandlung stehen oder nicht. Verjährungsvorschriften und Ersatzansprüche sind also dem Recht des **Dienstvertrages** zu entnehmen.

Orthopädische Behandlung

Die gleichen Grundsätze gelten für die Behandlung durch einen **Orthopäden:** Erbringt dieser Arzt im Rahmen der Behandlung technische Leistungen – Herstellung und Lieferung von Prothesen, Korsetts, Schuheinlagen –, so ist bezüglich der technisch einwandfreien Herstellung dieser Hilfsmittel **Werkvertragsrecht** anzuwenden. **Dienstvertragsrecht** gilt für die rein ärztlichen Leistungen wie Indikationsstellung und der prothetischen Versorgung vorangehende vorbereitende Maßnahmen.

Medizin- und Labortechnik

Leistungen der Medizin- oder Labortechnik, die Herstellung eines Röntgenbildes – nicht die Diagnose aufgrund des gefertigten Röntgenbildes! –, die Vornahme einer Laboruntersuchung oder sonstige Maßnahmen rein medizin-**technischer** Art werden den Regeln des **Werkvertragsrechtes** unterstellt.

Man sieht: Für Juristen hat alles (mindestens) zwei Seiten. Das Prinzip »keine Regel ohne Ausnahme« zieht sich durch die gesamte juristische Argumentation. Das liegt nicht an der Unfähigkeit der Juristen, klare Entscheidungen zu treffen, sondern an den komplexen Sachverhalten, um deren Lösung und Regelung Juristen sich bemühen müssen.

Ist eine besondere gesetzliche Regelung in Aussicht?

Die Beziehungen zwischen Arzt und Patient sind so komplex, daß sie nicht immer und nicht immer ohne Bedenken den im Bürgerlichen Gesetzbuch geregelten Vertragstypen Werkvertrag und Dienstvertrag zugeordnet werden können. Seit einigen Jahren schon sind Bestrebungen im Gange, eine besondere gesetzliche Regelung für den ärztlichen Behandlungsvertrag zu schaffen. Das Bundesjustizministerium hat sich mit dieser Frage beschäftigt, der Petitionsausschuß des Deutschen Bundestages und auch der Deutsche Juristentag. Anlaß für diese Überlegungen waren die rasanten Entwicklungen in der Medizin, die zu ganz neuen Behandlungsmöglichkeiten und Behandlungsformen geführt haben. Dazu gehören beispielsweise Impfungen, Sterilisationen, In-vitro-Fertilisation, Schwangerschaftsabbruch, Schwangerschaftsverhütung, Organentnahme und auch kosmetische Operationen. Dies alles sind keine »typischen« Heilbehandlungen, die der Erkennung (Diagnose), Linderung und Beseitigung von Leiden (Therapie) dienen; sie sind nicht mehr ohne weiteres mit den gesetzlichen Regelungen zum Dienstvertrag in Übereinstimmung zu bringen. Eine besondere gesetzliche Regelung für den ärztlichen Behandlungsvertrag wird es jedoch in nächster Zukunft nicht geben. Juristen, Mediziner und auch Patienten werden das vorhandene rechtliche Instrumentarium also weiter benutzen müssen. Wenn dabei die Besonderheiten des Arzt-Patienten-Verhältnisses, die eingangs schon betont wurden, nicht vernachlässigt werden, dann ist ein sachgerechter und ausgewogener Interessenausgleich sicherlich weiterhin möglich.

4. Welche Rechte und Pflichten hat der Arzt?

Der Arzt ist Vertreter eines **freien Berufes** – unabhängig davon, ob er als Arzt in eigener Praxis, als angestellter oder beamteter Arzt in Krankenhäusern oder Behörden tätig ist. In seiner Berufsausübung ist er ausschließlich seinem Gewissen und den Geboten der ärztlichen Sitte – also dem Hippokratischen Eid – verpflichtet. Das **»ärztliche Gewissen«** ist prägendes Merkmal nicht nur der Berufsordnung, sondern wird auch von den Zivilgerichten ausdrücklich betont.

Aus dem ärztlichen **Standesrecht,** das sich in der Regelungsvielfalt des **Arztrechtes** widerspiegelt, ergeben sich die einzelnen Berufspflichten und -rechte. Soweit sie die vertraglichen Rechte und Pflichten im allgemeinen betreffen, haben wir uns damit bereits im Vorstehenden auseinandergesetzt. Wir beschäftigen uns nun mit den Rechten und Pflichten des Arztes im Konkreten, wobei sehr schnell deutlich werden wird, daß seine Freiheit dem Arzt mehr Pflichten als Rechte auferlegt.

Feststellung des Patientenwillens

So gibt es **kein ärztliches Behandlungsrecht.** Ein solches Recht kann auch nicht vertraglich vereinbart werden. In Wahrnehmung seines **Selbstbestimmungsrechtes** übt der Patient ein **Direktionsrecht** aus gegenüber seinem Arzt. Bevor ein Arzt die Behandlung beginnt, hat er sich über den Willen seines Patienten – beim bewußtlosen, sterbenden oder seiner geistigen Fähigkeiten nicht mächtigen Patienten seines **mutmaßlichen Willens** – zu versichern. Selbst im Falle einer klaren medizinischen Indikation für eine Behandlung oder einen Eingriff entscheidet nicht diese Indikation, sondern allein der Wille des Patienten.

Aufklärungspflicht

Voraussetzung für diese Willensbildung ist eine umfassende Information des Patienten über Art und Umfang, Chancen und Risiken der vom Arzt beabsichtigten Behandlung. Der Arzt **schuldet** diese Informationen. Ihn trifft insoweit eine **Aufklärungspflicht.**

Die Aufklärungspflicht – Welche Informationen schuldet der Arzt seinem Patienten?

Grundlage der ärztlichen Aufklärungspflicht ist die Feststellung, daß ein Patient nicht Objekt, sondern **Subjekt** der Behandlung ist. Da dem Patienten als medizinischem Laien die fachlichen Voraussetzungen dafür fehlen, Notwendigkeit und Tragweite bestimmter ärztlicher Maßnahmen einzuschätzen, muß der Arzt diese Wissenslücke seines Patienten durch **Aufklärung** füllen.

Die Pflicht zur Aufklärung ist eine **vertragliche Hauptpflicht,** ohne daß sie allerdings ausdrücklich gesetzlich geregelt wäre.

Ihre Verletzung stellt eine eigene und wichtige **Anspruchsgrundlage im Arzthaftungsprozeß** dar.

Inhalt, Form und Umfang der Aufklärung

Einzelheiten zu **Inhalt, Form** und **Umfang** der Aufklärung ergeben sich ausschließlich aus einer Fülle von Rechtsprechung, die jeweils Auseinandersetzungen zwischen Arzt und Patient im Zusammenhang mit Behandlungsfehlervorwürfen zum Gegenstand hat. Es gibt kaum ein arztrechtliches Problem, das so umfangreich, so ausführlich und auch so kontrovers zwischen Medizinern und Juristen erörtert wurde; die Literatur ist entsprechend umfangreich. Die Vielzahl von wichtigen und interessanten Einzelfallproblemen im Zusammenhang mit der ärztlichen Aufklärungspflicht kann hier nicht dargestellt werden. Wir werden uns auf die von der Rechtsprechung entwickelten Grundzüge, den Kernbereich der Aufklärungspflicht, beschränken.

Nach ihrem **Zweck** kann man zwei Pflicht-Gruppen unterscheiden:

- die **therapeutische Aufklärung:**
Sie soll die Mitwirkung des Patienten und damit den Behandlungs-»Erfolg« sichern
- die **Selbstbestimmungs-Aufklärung:**
Sie dient der Wahrung des unter dem Schutz der Verfassung stehenden Persönlichkeitsrechts des Patienten.

Aufklärung wird geschuldet – mit jeweils unterschiedlichen Erfordernissen – in drei Behandlungsphasen:

- **Befund- und Diagnoseaufklärung**
- **Sicherungsaufklärung** und
- **Risiko- oder Eingriffsaufklärung**

Verbunden mit der **Aufklärung über Behandlungsalternativen.**

▶ Befund- und Diagnoseaufklärung

Erläuterungen

Die geringsten Anforderungen an den Arzt stellt die **Befund- und Diagnoseaufklärung.** Informationen in diesem Behandlungsstadium schuldet der Arzt nur dann, wenn

- der Patient diese Informationen ausdrücklich erfragt oder
- eine wichtige Lebensentscheidung des Patienten von der Kenntnis seines Zustandes und der voraussichtlichen Entwicklung der Krankheit abhängt.

Von einer **unbedingten Pflicht** des Arztes zur Mitteilung der Diagnose wird man ausgehen müssen, wenn

- eine ansteckende, auch für Dritte gefährliche Erkrankung festgestellt wird (wie etwa eine HIV-Infektion) und
- nur die Kenntnis von Art und Schwere der Erkrankung den Patienten dazu veranlassen kann, sich der notwendigen Therapie zu unterziehen.

Im Rahmen der Aufklärung über Befund und Diagnose hat der Arzt die größten Freiheiten bezüglich Art und Inhalt der von ihm weitergegebenen Informationen. Auch eine »gnädige Lüge« mit Rücksicht auf die psychische Belastung eines Patienten durch Mitteilung der Diagnose ist ihm erlaubt. In diesem Zusammenhang immer wieder und gerne bemühtes Beispiel ist das des Dichters Theodor Storm: Hätte man ihm seine Krebserkrankung nicht verschwiegen, so wäre er nicht mehr in der Lage gewesen, sein letztes Werk »Der Schimmelreiter« fertigzustellen.

Sicherungsaufklärung

Erläuterungen

Die **Sicherungsaufklärung** soll den Patienten in die Lage versetzen, die Einzelheiten der ärztlichen Behandlung nachzuvollziehen und sein eigenes Verhalten auf die therapeutischen Belange einzurichten. Wie der Begriff **Sicherungsaufklärung** bereits nahelegt, ist vorrangiger Zweck die Gefahrenabwehr im Interesse des Patienten. Einzelheiten dieser therapeutischen Aufklärung sind etwa:

- Einhalten von **Diätvorschriften**
- eine der Krankheit **angepaßte Lebensweise,** auch nach Abschluß einer Behandlung
- Information über Dosierung, Unverträglichkeiten und **Nebenwirkungen von Medikamenten**

– dazu gehört auch der Hinweis auf etwa unter bestimmten Medikamenten eintretende Fahruntüchtigkeit. **Wichtig** ist in diesem Zusammenhang: Ein beiläufiger Hinweis des Arztes auf Beipackzettel zu den verordneten Medikamenten genügt nicht!

▸ Für den Fall, daß der Patient auf einer **vorzeitigen Entlassung** aus der stationären Behandlung besteht, muß der Arzt auf die damit verbundenen möglichen Gefahren nachdrücklich hinweisen und dafür sorgen, daß sowohl der Patient wie auch sein Hausarzt ausreichend informiert sind, um etwa auftretende Komplikationen rechtzeitig erkennen und angemessen reagieren zu können.

▸ Der Patient muß auch über mit der Behandlung möglicherweise verbundene Folgen und Nebenwirkungen unterrichtet sein und wissen, daß er für den Fall des Eintretens solcher Folgen den Arzt zu informieren hat.

▸ Bei einer **Sterilisations-Operation** muß der Arzt auf die **Versagerquote** hinweisen und dem Patienten damit die Wahlmöglichkeit geben, weitere Empfängnisverhütungsmittel anzuwenden.

Jede Verletzung dieser und vergleichbarer Aufklärungspflichten begründet einen **Behandlungsfehler-Vorwurf** und kann eine **Schadenersatzpflicht** des Arztes zur Folge haben.

▸ Risiko- oder Eingriffsaufklärung

Erläuterungen

Mit der **Risiko- oder Eingriffsaufklärung** kommen wir zu dem problemträchtigsten Teilbereich der ärztlichen Aufklärungspflichten. Sie ist gleichzeitig der Kern der **Selbstbestimmungsaufklärung.** Ein Verstoß gegen die Pflicht zur Risiko- oder Eingriffsaufklärung kann zu weitreichenden Konsequenzen führen: Für den Patienten, weil er mit den mangels Aufklärung nicht einschätzbaren Folgen eines Eingriffs belastet wird – für den Arzt, weil die unterlassene Aufklärung bei Eintritt eines Schadens einen Haftungsgrund im Medizinschadensprozeß darstellt.

Eine Aufklärung ist grundsätzlich geboten vor einem Eingriff **in die körperliche Unversehrtheit,** sei es durch Operation oder Injektion, Strahlen oder Chemotherapie.

Eingriffs-aufklärung

Die besondere Bedeutung der **Eingriffsaufklärung** hat einen Grund: Nach wie vor ist ein ärztlicher Heileingriff – der auch der Diagnose dienen kann – eine **Körperverletzung** im Sinne des Strafgesetzbuches. Nur die Einwilligung des **aufgeklärten Patienten** macht aus dieser grundsätzlich strafbaren Handlung eine gerechtfertigte Behandlung.

Der Patient soll und muß sich auf der Grundlage der ihm vom Arzt zu übermittelnden Informationen entscheiden können, ob er sich dem empfohlenen Eingriff überhaupt unterziehen will, ob er die damit verbundenen Risiken eingehen oder sich für eine weniger risikobehaftete Behandlungsalternative entscheiden will.

Umfang und Inhalt der Aufklärung

Entsprechend diesem Ziel und Zweck der Eingriffsaufklärung muß der Patient informiert werden über **Art, Dringlichkeit, Tragweite und Risiken** des vorgeschlagenen Eingriffs und über **mögliche Alternativen** mit eventuell unterschiedlichen Risiken und Heilungsaussichten. Im Rahmen der **Verlaufsaufklärung (Art des Eingriffs)** soll dem Patienten **in groben Zügen** der Ablauf der Operation dargestellt werden, so daß er sich ein Bild vom Umfang des Eingriffs zu verschaffen vermag. Medizinische und operationstechnische **Einzel-**

heiten braucht der Arzt nicht zu vermitteln. **Hinweispflicht** besteht allerdings im Hinblick auf **sichere Eingriffsfolgen** – beispielsweise über das Entstehen entstellender Operationsnarben und über die (so selbstverständlich dies auch klingen mag) Unfruchtbarkeit als Folge einer Gebärmutterentfernung. Auch über den zu erwartenden **postoperativen Zustand** muß der Patient unterrichtet werden – etwa über die Dauer der operationsbedingten Schmerzbelastung, die Notwendigkeit, einen Blasenkatheter oder gar einen künstlichen Darmausgang (anus praeter) zu legen oder vorübergehend eine künstliche Ernährung durchzuführen.

Beispiel

Konkret kann eine Verlaufsaufklärung wie folgt aussehen:

▸ **Blinddarmoperation** (Appendektomie):
Öffnen der Bauchdecke, Entfernung des Wurmfortsatzes

▸ **Behandlung** eines **Knochen-Trümmerbruchs** (Osteosynthese):
Einsetzen von Platten, Schrauben, Verwendung von Drähten, die spätere Materialentfernung in einer weiteren Operation zur Folge haben

▸ **Magenspiegelung** (Gastroskopie):
Vornahme einer Magenspülung als Vorbereitung, eventuelle Gabe von beruhigenden und entspannenden Medikamenten, Einführen eines Schlauches über die Speiseröhre in den Magen

▸ **Gynäkologische Ausschabung** (Abrasio):
Erweiterung des Muttermundes, Entfernung der Gebärmutterschleimhaut mit einem scharfen Messer (Kürette)

Beachte!

Grundsätzlich gilt: Je bekannter ein Eingriff auch beim medizinischen Laien ist (Blinddarmoperation, Entfernung der Gaumenmandeln), um so geringer sind die Anforderungen an die Informationspflicht des Arztes – je unbekannter und folgenschwerer ein Eingriff, um so anschaulicher hat der Arzt den Verlauf des Eingriffs darzustellen.

Risikoaufklärung – Inhalt und Umfang

Zur **Risikoaufklärung** im eigentlichen und engeren Sinne gehört die Mitteilung des Arztes über die mit dem beabsichtigten Eingriff verbundenen **Gefahren:** das sind alle denkbaren, dauernden oder auch vorübergehenden Nebenfolgen, die sich auch bei Anwendung der gebotenen Sorgfalt und bei fehlerfreier Durchführung des Eingriffs nicht mit absoluter Sicherheit ausschließen lassen.

Auch bezüglich dieser Information über Gefahren und Risiken gilt: Eine Information in **»groben Zügen«** ist ausreichend. Der Patient soll und muß **Art und Schwere des Eingriffs** kennen und verstehen. Die damit verbundenen Risiken müssen nicht medizinisch exakt und nicht in allen denkbaren Erscheinungsformen dargestellt werden.

Aber die **Komplikations- und Mißerfolgsrate** des beabsichtigten Eingriffs muß mitgeteilt werden. Je größer die Gefahr des Mißerfolgs und je schwerer die möglichen Komplikationen, um so intensiver und umfangreicher ist der Patient aufzuklären.

Aufklärung über typische Risiken

Über **typische Risiken** – Gefahren, die speziell mit einem bestimmten Eingriff verbunden sind – ist **immer** aufzuklären – unabhängig davon, wie hoch die Komplikationsrate ist. Zu diesen **typischen Risiken** gehören beispielsweise die folgenden:

Typische Risiken

- Verletzung von Armnerven (Accessorius-Läsion) bei der Entfernung von Lymphknoten im Hals-Schulter-Bereich mit Lähmungsfolgen

- Verletzung von Gesichtsnerven (Facialis- und Trigeminus-Läsion) bei Eingriffen am Ohr und Kiefer mit erheblichen Lähmungs- und Schmerzfolgen
- Verletzung des Harnleiters bei der Gebärmutterentfernung durch Bauchschnitt
- Darmverletzungen und Verbrennungen bei der Sterilisationsoperation durch Elektrokoagulation der Eileiter
- Nervenschädigung als Folge einer speziellen Lagerung in »Häschenstellung« während der Bandscheibenoperation.

Atypische Risiken

Über **atypische Risiken** – Gefahren, die nicht unbedingt zu den Besonderheiten des Eingriffs gehören – muß dann aufgeklärt werden, wenn das Auftreten von Komplikationen bekannt ist.

Wichtig ist dabei: Auch auf **seltene** Risiken hat der Arzt hinzuweisen – jedenfalls dann, wenn ihr Eintritt für den Patienten eine schwere Belastung darstellen würde und die Möglichkeit dieses Risikos für den Patienten als medizinischen Laien völlig überraschend wäre. Die meisten dieser aufklärungsbedürftigen seltenen Risiken gehören zu den typischen Risiken, die oben bereits beispielhaft dargestellt wurden.

Behandlungs-alternativen

In Wahrung des Selbstbestimmungsrechtes des Patienten hat der Arzt auch aufzuklären über **Behandlungsalternativen:** Besteht eine **echte** Alternative zu der von dem Arzt vorgeschlagenen und vorgesehenen Behandlungsmethode, die gleichwertige Chancen, aber andersartige Risiken mit sich bringt, so hat der Arzt auf diese Alternativen hinzuweisen, auch wenn sie nicht seinen eigenen Behandlungsvorstellungen entsprechen.

Eine Behandlungsalternative kann etwa sein:

- konservatives Vorgehen gegenüber einem operativen Eingriff;
- Intubationsnarkose (Vollnarkose) gegenüber einer Peridural-Anästhesie (Ausschalten der Schmerzempfindlichkeit durch Injektion des Narkosemittels ins Rückenmark bei Erhaltung des Bewußtseins);
- Injektion in die Arterie im Bereich des Schultergelenks gegenüber einer medikamentösen Schmerzbekämpfung;
- in zunehmendem Maße auch laparoskopisches und arthroskopisches Operieren (diagnostische und therapeutische Eingriffe, die mit Spezialgeräten durch minimale Hauptschnitte unter Kamerabeobachtung durchgeführt werden) gegenüber »klassischen« Operationsmethoden durch Bauchschnitt oder Gelenköffnung.

Aufklären muß der Arzt auch dann, wenn das mit einem Eingriff verbundene Risiko unter **besseren Behandlungsbedingungen** – etwa in einer spezialisierten Klinik – deutlich geringer wäre. Diese besondere Form der Aufklärung soll jedoch – nach der neueren Meinung des Bundesgerichtshofes – Ausnahmefällen vorbehalten bleiben. Hintergrund ist die Überzeugung des dortigen Arzthaftungssenates, daß Informationen über medizinische Fragen und Qualitätsprobleme im Aufklärungsgespräch in Grenzen zu halten sind – dies letztlich in dem Bestreben, das Vertrauensverhältnis zwischen Arzt und Patient nicht unnötig zu belasten.

Der Arzt muß nicht erwähnen, daß die medizinischen, personellen und apparativen Voraussetzungen in einem kleinen kommunalen Krankenhaus möglicherweise schlechter sind als in einer Universitätsklinik und daß eventuell in einem

Nachbarkrankenhaus modernere Apparaturen zur Verfügung stehen.

Keine Aufklärungspflicht

Solange ein Arzt in der Lage ist, eine dem medizinischen Standard entsprechende Therapie – die er ohnehin schuldet – sicherzustellen, muß er **nicht** darüber **aufklären,** daß andernorts die gleiche Behandlung mit überlegenen Mitteln und einem etwas kleineren Komplikationsrisiko möglich ist. **Ausnahme** von dieser Regel: Eine **Aufklärungspflicht** besteht, wenn der Patient **ausdrücklich** nach einem besser geeigneten Krankenhaus fragt!

▸ »Wirtschaftliche Aufklärungspflicht«

Zweck

Eine besondere Form der ärztlichen Aufklärung gewinnt erst in jüngster Zeit an Bedeutung: Sie ist gerichtet auf die **Wahrung der wirtschaftlichen Interessen** des Patienten. Der Arzt soll beraten über die **Kostenfolge** der Anwendung alternativer Methoden – auch der Alternative zwischen ambulanter und stationärer Behandlung – und die Übernahme der entstehenden Kosten durch den Krankenversicherer.

Diese Aufklärungs-, Beratungs- und Informationspflicht ist entstanden im Zuge der fortschreitenden Nachfrage nach und Akzeptanz von Methoden der alternativen Medizin.

Beispiel

Eine Aufklärungspflicht des Arztes wurde von der Rechtsprechung angenommen im Fall einer Ozon-Sauerstoff-Eigenblut-Transfusion, deren Kosten von der privaten Krankenversicherung nicht – jedenfalls nicht problemlos – ersetzt werden, ebenso in dem Fall, in dem der Arzt seinem Patienten eine stationäre Behandlung empfiehlt, deren Kosten die private Krankenversicherung mit der zutreffenden

Begründung nicht übernommen hat, die Behandlung sei auch ambulant und damit kostengünstiger durchzuführen gewesen.

Rechtsfolge eines Verstoßes gegen diese »wirtschaftliche« Aufklärungspflicht ist: Nicht der Patient, sondern der Arzt trägt die Kosten der Behandlung, soweit sie der Krankenversicherer nicht erstattet.

Bedeutung der wirtschaftlichen Aufklärung

Die Aufklärungspflicht bezüglich der Kostenfolge einer ärztlicherseits empfohlenen Maßnahme wird in naher Zukunft weiter an Bedeutung gewinnen. Die **Kostendämpfung** im Gesundheitswesen unter dem **Gesundheitsstrukturgesetz** (GSG) zwingt den Arzt – in niedergelassener Praxis ebenso wie im Krankenhaus – in verstärktem Maße zur **Beschränkung** der Behandlung auf das **notwendige** und **wirtschaftlich vertretbare** Maß. Dies kann zur Folge haben, daß vom Arzt als wünschenswert erachtete und vom Patienten auch tatsächlich gewünschte diagnostische ebenso wie therapeutische Maßnahmen von den Kostenträgern nicht mehr finanziert werden.

In Wahrung der Patienteninteressen wird ein Arzt sich künftig also in verstärktem Maße der Pflicht zur **Aufklärung über Behandlungsalternativen** und zur **Aufklärung** über wirtschaftliche Konsequenzen der Behandlung ausgesetzt sehen.

Empfehlung

Jedem Patienten kann vor diesem Hintergrund nur geraten werden, durch **ausdrückliches Befragen** seines Arztes abzuklären, welche Behandlung aus Sicht des Arztes wünschenswert erscheint, welche Behandlungskosten vom Kostenträger übernommen werden und in welcher Höhe ggf. entstehende Zusatzkosten vom Patienten selbst zu übernehmen wären. Die Entscheidung darüber, ob er die Kosten einer Behandlung, die über das **notwendige und wirtschaftliche Maß** hinausgehen, selbst zu übernehmen bereit ist, liegt dann beim Patienten.

Aufklärungspflicht bei (Kunst)fehlern?

Keine Aufklärungspflicht trifft den Arzt, der weiß, daß ihm während der Behandlung seines Patienten ein Fehler unterlaufen ist. Er muß den Patienten nur dann entsprechend unterrichten, wenn dieser bei Kenntnis des Behandlungsfehlers in die Lage versetzt wird, weiteren Schaden abzuwenden oder zu minimieren. Diese **Informationspflicht** besteht auch für den nachbehandelnden Arzt, der einen dem Kollegen unterlaufenen Behandlungsfehler feststellt.

Es gibt Meinungen, die den Arzt – entsprechend dem Rechtsanwalt – mit einer **sekundären Aufklärungspflicht** für den Fall eines ihm bekannten Behandlungsfehlers in die Verantwortung nehmen wollen. Sie konnten sich bislang jedoch nicht durchsetzen. Dies in Anbetracht der Tatsache, daß ein Arzt – anders als ein Rechtsanwalt – im Falle eines Behandlungsfehlers auch mit **strafrechtlichen Konsequenzen** zu rechnen hat und niemand verpflichtet werden kann und soll, sich selbst zu bezichtigen und damit strafrechtlicher Verfolgung auszusetzen.

Form der Aufklärung

Das **»Wie«** der Aufklärung liegt im **pflichtgemäßen Ermessen** des Arztes. Die Aufklärung muß in jedem Fall **verständlich** sein und dem Patienten ein Bild von Schwere und Tragweite des Eingriffs geben; der Arzt muß sich auch vergewissern, daß der Patient seine Informationen **verstanden hat.**

Dies kann beim **fremdsprachigen Patienten** auch die Beiziehung eines **Dolmetschers** erforderlich machen.

Grundsätzlich gilt: Je weniger dringlich und je schwerwiegender der Eingriff und seine Folgen, um so intensiver muß der Arzt aufklären.

Zeitpunkt der Aufklärung

Das »**Wann**« des Aufklärungsgespräches liegt **nicht im Ermessen** des Arztes: Der Patient muß die vor jedem Eingriff benötigten Informationen so rechtzeitig erhalten, daß er diese selbst überdenken, mit Personen seines Vertrauens beraten und ggf. auch den bevorstehenden Eingriff und dessen Notwendigkeit überprüfen lassen kann.

Grundsätzlich gilt: Das Aufklärungsgespräch soll **spätestens** am Tage vor dem beabsichtigten Eingriff stattfinden. Je schwerer und problematischer eine Operation, desto länger sollte die Bedenkzeit sein, die einem Patienten eingeräumt wird. **Ausnahme:** Notfälle, bei denen schnelles ärztliches Eingreifen erforderlich ist.

Praxis

Im Klinikalltag sind mittlerweile **Aufklärungsformulare** gebräuchlich, aus denen ein Patient die wichtigsten Informationen bezüglich Art, Umfang und Risiko des beabsichtigten Eingriffs entnehmen kann. Diese Aufklärungsformulare können jedoch ein **Aufklärungsgespräch** nicht ersetzen; sie können allenfalls zur **Vorbereitung** des Gespräches dienen.

Rechtsprechung

Die Meinung des Bundesgerichtshofes zum »Wie« und »Wann« der Aufklärung hat der derzeitige Vorsitzende des Arzthaftungssenates wie folgt prägnant formuliert:

»Keine Aufklärung durch Formulare – keine Aufklärung auf der Bahre!«

Rechtsfolge mangelnder Aufklärung

Nur der **aufgeklärte Patient** kann **rechtswirksam** in eine ärztliche Behandlung einwilligen. **Jeder Aufklärungsmangel** – sei es durch unterlassene, unzureichende oder verspätete Aufklärung – führt zur Rechtsunwirksamkeit der Einwilligungserklärung und damit unmittelbar zur **Rechtswidrigkeit** der gesamten ärztlichen Maßnahme. Die Aufklärungsproblematik ist – wie eingangs bereits erwähnt – ein nach wie vor äußerst kontrovers diskutiertes Thema zwischen Medizinern und Juristen. Ärzte weisen immer wieder darauf hin, daß die rechtlichen Anforderungen an die Aufklärung nur schwer nachvollziehbar und die Rechtsprechung zur Verletzung der Aufklärungspflicht kaum kalkulierbar sei. Diese Rechtsprechung ist zwar in der Tat äußerst vielgestaltig und mag auch auf den ersten Blick unüberschaubar erscheinen. Sie ist jedoch immer wieder Konkretisierung eines Grundgedankens, den ein bekannter Arzthaftungsrechtler und früheres Mitglied des Arzthaftungssenates des Bundesgerichtshofes, W. Dunz, bereits Anfang der 70er Jahre wie folgt formuliert hat:

»Ein Arzt wird kaum je in Schwierigkeiten kommen, solange er sich des grundsätzlichen Selbstbestimmungsrechtes des Patienten bewußt bleibt.«

Dieses Selbstbestimmungsrecht des Patienten beschränkt den Arzt selbst in seiner wesentlichen Freiheit, nämlich der **Therapiefreiheit,** die auch durch § 1 Abs. 2 BÄO (Bundesärzteordnung) garantiert wird.

Therapiefreiheit – Wie frei ist der Arzt wirklich?

Aus den von der medizinischen Wissenschaft und Technik zur Verfügung gestellten diagnostischen und therapeutischen Methoden und Verfahren kann jeder Arzt – frei nach seinem ärztlichen Gewissen – diejenigen wählen, die er selbst aufgrund seiner persönlichen Erfahrung unter Berücksichtigung der prognostisch einzuschätzenden physischen, psychischen und sozialen Gegebenheiten des Patienten in Abwägung der Chancen gegenüber den Risiken für die richtigen hält. Er muß **nicht** stets den **sichersten therapeutischen Weg wählen.** Geht er ein höheres Risiko für den Patienten ein, so muß dieses zu rechtfertigen sein durch besondere Umstände des konkreten Krankheitsfalles oder durch eine günstigere Heilungsprognose.

Beschränkungen der Therapiefreiheit

Wesentliches Korrektiv – neben dem Einverständnis des aufgeklärten Kranken – ist die Einhaltung der **gebotenen Sorgfalt.** Diese bemißt sich nach dem jeweiligen medizinischen Standard des Fachgebietes (zum Begriff »medizinischer Standard« vgl. Seite 104ff.). Von diesem Standard kann, ja muß der Arzt abweichen, wenn er nach gewissenhafter Überprüfung zu der Erkenntnis kommt, im Interesse des Patienten einer anderen – auch einer von der Schulmedizin noch nicht anerkannten – Methode folgen zu müssen. D.h. jedoch selbstverständlich nicht, daß der Arzt zu Verfahrensweisen greifen kann, darf oder sogar muß, die dem Bereich der Scharlatanerie zuzuordnen sind. Auch eine vom behandelnden Arzt zu wählende **Außenseitermethode** muß zumindest nach dem Stand der medizinischen Wissenschaft eine **Erfolgsmöglichkeit** bieten.

Eine **Grenze** findet die grundsätzliche Therapiefreiheit des Arztes dort, wo ein anderes als das von dem behandelnden Arzt bevorzugte Verfahren als eindeutig überlegen allgemein anerkannt ist. Verzichtet der Arzt auf dieses Verfahren, so begeht er einen **Behandlungsfehler.** Diesem Vorwurf entgeht er auch dann nicht, wenn der Patient in den Verzicht auf die Anwendung der überlegenen Methode eingewilligt haben sollte.

Therapiewahl

Voraussetzungen einer verantwortlichen Therapiewahl – und hier kommen wir zu der Fülle der Pflichten, die von einem Arzt trotz Therapiefreiheit beachtet werden müssen – sind im wesentlichen folgende:

- sorgfältige Ermittlung der Vorgeschichte einer aktuellen Erkrankung **(Anamnese)**
- **gründliche Untersuchung** und **Diagnostik** mit dem Ziel einer
- **verläßlichen Indikationsstellung.**

Zu diesen ärztlichen Pflichten im einzelnen:

Anamnese

Die **Feststellung** der **Vorgeschichte** einer aktuellen behandlungsbedürftigen Erkrankung ist der wichtigste und zugleich der schwierigste Teil einer zuverlässigen Diagnostik und damit **unverzichtbare Voraussetzung** für eine wirksame Behandlung. Gleichzeitig ist die Anamnese das Kernstück der Arzt-Patient-Beziehung. Sie basiert auf dem **vertrauensvollen Informationsgespräch** zwischen Arzt und Patient und kann damit, weil sie die individuellen psychischen und sozialen Besonderheiten des jeweiligen Patienten erfaßt, bereits der Beginn der Behandlung sein. Das gilt jedenfalls dann, wenn im Gespräch zwischen Arzt und Patient eine Atmosphäre des Verständnisses und des Vertrauens entsteht.

Es gibt Untersuchungen, wonach die Anamnese allein in etwa 70 % aller Erkrankungen zu einer richtigen Diagnose und erfolgreichen Behandlung führt.

Ärztliche Untersuchung

Wie die Anamnese ist auch die **ärztliche Untersuchung** Teil der Diagnostik. Auch hier ist der persönliche Kontakt zwischen Arzt und Patient unverzichtbar. Im Zeitalter der Labor- und Apparatemedizin spielen Methoden der **mittelbaren Untersuchung** in Form von – beispielsweise – morphologichen Untersuchungen, physikalischen, chemischen, bakteriologischen und immunologischen Analysen eine wichtige Rolle. Das entbindet den Arzt jedoch nicht von der Verpflichtung, **persönlich** und **unmittelbar** seinen Patienten zu untersuchen, um sich ein Bild von dessen Gesundheitszustand zu machen. Es versteht sich daher von selbst, daß eine **»Fernuntersuchung«**, eine **»Ferndiagnose«** oder sogar eine **»Fernbehandlung«** ohne unmittelbaren Kontakt des Arztes zu seinem Patienten **unzulässig** sind.

Eine gesundheitspolitische Zielsetzung der letzten Jahre ist die **Gesundheitsprophylaxe** durch **Vorsorge- und Früherkennungsuntersuchungen.** Zu den Früherkennungsuntersuchungen, die auch gesetzlich geregelt sind, gehören:

- Krebsvorsorge-Untersuchungen,
- Vorsorgeuntersuchungen von Säuglingen und Kleinkindern,
- Untersuchungen während der Schwangerschaft und nach der Entbindung (Mutterschaftsrichtlinien),
- arbeitsmedizinische Vorsorge- und Einstellungsuntersuchungen.
- Aufgrund dieser gesetzlichen Regelungen – die sich beispielsweise in der Reichsversicherungsord-

nung (RVO), im Jugendarbeitsschutzgesetz (JArbSchG) und im Sozialgesetzbuch (SGB) finden – ist dem Arzt das »Programm« der von ihm durchzuführenden Diagnostik vorgegeben, das er auch vollständig durchzuführen hat.

▸ Ein typischer Fall der **Vorsorgeuntersuchung** – die der allgemeinen, nicht risikospezifischen Krankheitsverhütung dient – ist der sog. **»Checkup«:** kommt ein »gesunder« Patient mit diesem Anliegen zu seinem Arzt, so ist dieser **vertraglich verpflichtet,** eine ganzheitliche Untersuchung durchzuführen und eine Anamnese zu erheben.

Diagnose

Im engeren Sinne versteht man darunter die **Erkennung einer Krankheit.** »Erkennen« heißt in diesem Zusammenhang jedoch nicht: eine Krankheit und ihre Ursachen endgültig feststellen. Eine Diagnose kann und muß sogar im Verlaufe einer Krankheit korrigiert, angepaßt und sogar gänzlich verändert werden, ohne daß man deshalb von einer anfangs gestellten **»Fehldiagnose«** sprechen darf.

Den Prozeß, der zur Erkennung und Bezeichnung einer Krankheit führt, nennt man **Diagnostik.** Sorgfältige Diagnostik, die jeder Diagnosestellung vorangeht, zwingt den Arzt zur kritischen Überprüfung und Berücksichtigung der anamnestischen Befunde, der Ergebnisse seiner persönlichen und der Labor- bzw. gerätemedizinischen Untersuchungen. Der Arzt ist verpflichtet, seine eingangs gestellte Diagnose im Verlauf der Krankheit immer wieder durch Kontrolluntersuchungen zu überprüfen, um sie dadurch zu bestätigen, ggf. zu verändern oder – im Extremfall – sie als Irrtum zu erkennen und dann aufzugeben. Eine solche **Pflicht des Arztes zur Diagnose-Revision** folgt unmittelbar aus dem Arztvertrag.

Grenzen der Diagnostik

Mit der vertraglichen Pflicht zur Diagnosestellung und der Verpflichtung zur Diagnose-Revision verbunden ist das **Verbot einer Überdiagnostik. Grundsätzlich** gilt: Gefährliche und schmerzhafte Eingriffe muß der Arzt unterlassen, wenn er sich auch auf andere und weniger risikoreiche Art ein Bild von der Krankheit seines Patienten verschaffen kann. Diagnostische Eingriffe – Stichwort: **invasive Diagnostik** – darf der Arzt insbesondere dann nicht vornehmen, wenn auch bei gesicherter Diagnose eine erfolgversprechende Therapie nicht eingeleitet werden kann.

Beispiel

Dies gilt bei Menschen im fortgeschrittenen Lebensalter und/oder im Zustand fortgeschrittener Erkrankung, bei denen der diagnostische Eingriff belastender und gefährlicher wäre als die Chancen einer sich anschließenden Therapie.

Der Arzt ist also im Rahmen seiner Verpflichtung zur Diagnosestellung gehalten, eine **Risikoabwägung** vorzunehmen. Das Ergebnis dieser Abwägung kann den Arzt sogar dazu zwingen, diagnostische Eingriffe gänzlich zu unterlassen.

Mitteilung der Diagnose

Eine weitere – im konkreten Fall oft sehr schwere – Rechtspflicht trifft den Arzt im Zusammenhang mit seiner Pflicht zur Diagnosestellung: nämlich die grundsätzliche Rechtspflicht zur **Mitteilung der Diagnose.**

Auch diese Pflicht folgt direkt aus dem Behandlungsvertrag. Der Patient benötigt diese Informationen schon deshalb, weil er – wie oben schon dargelegt – nur **aufgeklärt** in die sich anschließende Behandlung oder Operation einwilligen kann.

Den Arzt trifft auch eine **Wahrheitspflicht,** wenn der Patient ihn **ausdrücklich** nach der Diagnose **fragt.** Der Arzt muß also – und deshalb trägt er an der Offenbarungspflicht oftmals so schwer – auch bei schwersten und unheilbaren Erkrankungen mit für den Patienten bedrohlichen Konsequenzen grundsätzlich seine Feststellungen an den Patienten oder dessen Angehörige weitergeben. Nur in engen Grenzen und in absoluten Ausnahmefällen gesteht man ihm zu, eine unzutreffende oder auch verharmlosende Information weiterzugeben und damit seine Diagnose zu verschweigen.

Beispiel

Wenn eine Selbstmordgefahr bei schonungsloser Offenlegung der Diagnose besteht, wird dem Arzt ein Ermessensspielraum zugestanden, in dem er eine **Interessenabwägung** vorzunehmen vermag.

Indikationsstellung

Lange Zeit war die **medizinische Indikation** – also die Feststellung eines Grundes zur Anordnung bzw. Verordnung einer bestimmten diagnostischen oder therapeutischen Maßnahme – neben der Einwilligung des Patienten und der kunstgerechten Ausführung unabdingbare **Voraussetzung für** die **Rechtmäßigkeit** eines **ärztlichen Heileingriffs.** Es bestand der Grundsatz: »Kein Eingriff ohne entsprechende Indikationsstellung!«

Das gilt heute in dieser Absolutheit nicht mehr. Im Zuge der immer größer werdenden Möglichkeiten der modernen Chirurgie, der Transplantations- und Fortpflanzungsmedizin – z.B. pränatale Diagnostik und künstliche Befruchtungs-Techniken –, ebenso auch im Hinblick auf prophylaktische ärztliche Maßnahmen wie Impfungen und mit Rücksicht auf die zunehmende Bedeutung kosmetischer Eingriffe hat die Indikation ihre Bedeutung als **Wesensmerkmal der ärztlichen Heilbehandlung** verloren. Die Maßnahmen in den genannten medizinischen Spezialgebieten haben als Zielsetzung nicht die Heilung, verfolgen keinen unmittelbaren »Heilzweck«. Dennoch gehören sie im – notwendigerweise erweiterten – Sinne zur »Arztbehandlung«. Auch wenn eine ärztliche Maßnahme nicht der Erkennung und der – sei es operativen oder medikamentösen – Behandlung eines Leidens dient, ist der Arzt in Wahrnehmung seiner Pflicht zur Indikationsstellung gehalten, sich zu fragen:

> ***»Kann ich, darf ich, muß ich eine bestimmte Maßnahme ergreifen?«***

Interessen-abwägung bei beabsichtigten Eingriffen

Auch in diesem Zusammenhang trifft den Arzt die Pflicht zu einer **Interessenabwägung.** Die Erfolgsaussichten und der mit einer bestimmten Behandlung angestrebte Zweck müssen die Gefahren und die Belastungen für den Patienten durch den beabsichtigten Eingriff überwiegen. Im Rahmen dieser Interessenabwägung spielt die Einschätzung der **Persönlichkeit des Patienten** eine zunehmend wichtige Rolle. Dies wird deutlich im Zusammenhang mit der Frage, ob eine kosmetische Operation vorgenommen werden kann und soll oder ob im Rahmen der pränatalen Diagnostik beispielsweise eine Amnioszentese (Fruchtwasseruntersuchung) angezeigt ist.

Beispiele

Um ein bereits oben angeführtes **Beispiel** aufzugreifen:

> Ein plastischer Chirurg wird für den Fall einer operativen Nasenkorrektur sehr sorgfältig überprüfen müssen, ob die mit dem gewünschten Eingriff einhergehenden Risiken in einem vernünftigen Verhältnis stehen zu dem subjektiven »Leiden« des Patienten an seiner nicht ideal geformten Nase.

Ähnliches gilt für Methoden der pränatalen Diagnostik:

> Liegen keine objektiven Risikofaktoren vor – wie erbliche Vorbelastungen, Alter oder Gesundheitszustand der werdenden Mutter –, so wird ein Arzt eine immer noch mit Risiken behaftete Fruchtwasseruntersuchung nur dann durchführen dürfen, wenn die Ängste der Schwangeren vor einer eventuell auftretenden Mißbildung des Ungeborenen so schwer wiegen, daß mit dem Unterlassen dieser Diagnostik psychisch bedingte Schwangerschaftskomplikationen auftreten könnten.

Grundsatz

Grundsätzlich kann man sagen: Je weniger notwendig eine ärztliche Behandlung ist, je weniger zwingend die medizinische Indikation, um so gewichtiger ist die Psyche des Patienten, um so größer ist die Pflicht des Arztes, den Patienten über die Risiken des ärztlicherseits für nicht unbedingt erforderlich gehaltenen Eingriffs aufzuklären und die Entscheidung mit ihm abzusprechen.

Im Zusammenhang mit der Frage nach Inhalt und Grenzen der ärztlichen Therapiefreiheit stellt sich auch die vor dem Hintergrund fortschreitender medizinisch-technischer Möglichkeiten immer brisantere Frage nach dem Recht und der Pflicht des Arztes zum **Behandlungsabbruch.**

Die Pflicht zum Behandlungsabbruch – Gibt es Grenzen ärztlicher Tätigkeit?

Der **Behandlungsabbruch** – nicht zu verwechseln mit der Beendigung des Arztvertrages, mit der wir uns unter IV. *Der Patient und sein Arzt*, Seite 96ff.

beschäftigt haben – ist eine **vertragliche Pflicht** des Arztes. Sie entsteht in dem Augenblick, in dem der Arzt erkennt oder erkennen muß, daß er an die Grenzen seiner persönlichen, personellen und therapeutischen Möglichkeiten gelangt ist. Sie entsteht auch dann, wenn ihm bewußt wird oder bewußt werden muß, daß mit ärztlicher Kunst der Patient nicht mehr zu retten ist.

Die Frage, ob und wann eine Behandlung abzubrechen ist, kann den Arzt an die Grenzen des Rechtes und in schwere Gewissenskonflikte führen. Die wichtigsten dieser **Konfliktsituationen** sind folgende:

Schwerstgeschädigte Neugeborene

Kommt ein **Kind** mit **erheblichen Schädigungen** oder **Mißbildungen** zur Welt, bei denen eine Behandlung lediglich das Leiden verlängern und den ohnehin nicht abwendbaren Tod hinauszögern würde, so steht der Arzt vor der Frage, ob er von einer Behandlung gänzlich absehen oder eine begonnene Behandlung abbrechen muß. Die Beantwortung dieser Frage ist ethisch ebenso wie rechtlich nach wie vor umstritten.

Die Last der Entscheidung wird dem Arzt in den Fällen abgenommen, in denen **beide Eltern** übereinstimmend auf einer Behandlung bestehen. In diesem Fall ist der Arzt **vertraglich verpflichtet,** auch eine Behandlung, die medizinisch sinnlos ist, durchzuführen.

Können sich die Eltern über Fortsetzung oder Abbruch der Behandlung des schwerstgeschädigten Neugeborenen nicht einigen, oder aber will der Arzt **gegen den Willen der Eltern** die Behandlung abbrechen, so muß er eine **Entscheidung des Vormundschaftsgerichtes** herbeiführen.

Fest steht eines: Der Arzt hat **keine absolute**

Verpflichtung, lebensverlängernde Maßnahmen einzuleiten. Er hat jedoch die Verpflichtung, für die ausreichende **Grundversorgung,** für eine Leidenslinderung und menschliche Zuwendung gegenüber dem Neugeborenen Sorge zu tragen.

Hirntote Schwangere

Wie schwierig ärztliche Entscheidungen über Behandlungsabbruch oder Fortsetzung der Behandlung in derartigen Konfliktsituationen sein können, hat – für eine breite Öffentlichkeit nachvollziehbar – der Fall der »Erlanger Toten« gezeigt. Wie immer jeder einzelne persönlich zu der Frage stehen mag, ob die medizinisch mögliche mechanisch-künstliche Aufrechterhaltung der Körperfunktionen der klinisch Toten in Anbetracht des noch lebenden Ungeborenen ethisch und menschlich zu rechtfertigen war: Der behandelnde Arzt hat die Verpflichtung, eine **Güterabwägung** zwischen dem **postmortalen Persönlichkeitsschutz** der schwangeren Toten und dem **Lebensrecht** des ungeborenen Kindes zu treffen. Im Zweifel wird die sich schon aus dem Hippokratischen Eid ergebende **Pflicht** des **Arztes, Leben** zu **erhalten,** schwerer wiegen als das Recht der schwangeren Toten auf postmortalen Persönlichkeitsschutz. Entgegen der grundsätzlichen vertraglichen Pflicht zum Behandlungsabbruch gilt hier im Hinblick auf das werdende Leben sogar ein **Verbot des Behandlungsabbruchs.**

Dieses Verbot gilt dann nicht, wenn begründete Befürchtungen bestehen, daß das ungeborene Kind behindert sein könnte oder durch eine Fortsetzung der Behandlung kindliche Gebrechen oder Behinderungen drohen.

Sterbender Patient

Die Problematik des Behandlungsabbruchs beim sterbenden Patienten ist ein Thema, das unter dem

Stichwort »**Sterbehilfe**« bereits seit Jahren nicht nur von Medizinern, Juristen und Theologen, sondern auch in der Öffentlichkeit intensiv und kontrovers diskutiert wird. Bereits seit 1979 gibt es »Richtlinien für die Sterbehilfe« der Bundesärztekammer und auch der Deutschen Gesellschaft für Chirurgie.

Der Behandlungsabbruch angesichts des nicht mehr abwendbaren Todes bezieht sich – im engeren Sinne – nicht nur auf das Unterlassen lebens- und leidensverlängernder Maßnahmen. Ärztliche Pflichten werden in diesem Zusammenhang unter drei Gesichtspunkten erörtert:

- Unterlassen oder Abbruch lebensverlängernder Maßnahmen, seien sie medikamentös-therapeutischer oder technischer Art – die sog. **passive Sterbehilfe**
- Hilfe im Sterben durch Gabe von Medikamenten zur Schmerzlinderung, auch wenn diese als unvermeidbare Nebenwirkung den Eintritt des Todes beschleunigen können – **indirekte Sterbehilfe**
- das Verabreichen todbringender Medikamente auf ausdrücklichen Wunsch des Patienten hin – **aktive Sterbehilfe, »Tötung auf Verlangen«**.

Was darf der Arzt?

Der Abbruch medizinischer Maßnahmen, die nur den natürlichen Ablauf des Sterbens unter Verlängerung des Leidens verzögern, ist erlaubt und in der Regel als **passive Sterbehilfe** auch geboten – dies allerdings **nicht gegen den Willen des Patienten.**

Eine Pflicht des Arztes besteht auch zu weitestgehender **Hilfe im Sterben** in Form der **indirekten Sterbehilfe.**

Verboten ist – entgegen massiven Initiativen seitens der Verfechter der aktiven Sterbehilfe – die gezielte Tötung Todkranker oder Sterbender im Sinne einer **Tötung auf Verlangen.**

Der 56. Deutsche Juristentag 1986 hat allerdings vorgeschlagen, die »Tötung auf Verlangen« – Straftatbestand im Sinne des § 216 StGB – straflos zu stellen. Dies mit der Begründung, daß die Garantenpflicht des Arztes zur Lebenserhaltung ihre Grenze »in der entgegenstehenden frei verantwortlichen Entscheidung des Patienten« finde.

Dieser Vorschlag entspricht sicherlich der »herrschenden Meinung« in der bundesdeutschen Öffentlichkeit: 70 % der Bevölkerung in Deutschland sind der Meinung, daß dem Patienten ein Recht auf **aktive Sterbehilfe** zustehen sollte, dem Arzt also eine **Pflicht zur Tötung auf Verlangen** aufzuerlegen sei.

Fest steht, daß es nicht zu den vertraglichen Pflichten des Arztes gehört, eine »Tötung auf Verlangen« vorzunehmen. Mit Rücksicht auf die nach wie vor bestehende Strafbarkeit eines solchen ärztlichen Handelns und mit Rücksicht auf die persönliche Gewissensentscheidung des Arztes kann eine solche Pflicht auch nicht begründet werden. **Vertragspflichten** bestehen jedoch zur **passiven Sterbehilfe** und **indirekten Sterbehilfe, wenn** der **Patient dies verlangt.** Ein Arzt hat den entsprechenden **Patientenwillen** zu berücksichtigen.

Bekundung und Ermittlung des Patientenwillens

Dieser Wille kann gegenüber dem Arzt **persönlich** und **mündlich** geäußert werden. Ist der Patient bewußtlos oder aus anderen Gründen nicht in der Lage, seinen Willen in rechtswirksamer Form kundzutun, so hat der Arzt eine **Prüfungspflicht:** Er muß feststellen, ob der Patient einen Dritten **ausdrücklich bevollmächtigt** hat, über einen etwaigen Behandlungsabbruch zu entscheiden. Liegt eine solche Bevollmächtigung nicht vor, so hat der Arzt weiter zu überprüfen, ob eventuell eine schriftliche Willensäußerung in Form eines **Patien-**

tentestamentes vorliegt. An den Patientenwillen – sei es in Form der mündlichen Erklärung, sei es in Form der Bevollmächtigung oder in Form des Patiententestamentes – ist der Arzt gebunden, auch wenn der Abbruch der Behandlung den eigenen Vorstellungen des Arztes entgegenstehen sollte.

Die Pflichten des Arztes zur Ermittlung und Berücksichtigung des Patientenwillens gehen noch weiter: Selbst wenn in keiner Form eine Willensäußerung vorliegt, so ist der Arzt verpflichtet, den **mutmaßlichen Patientenwillen** zu ermitteln. Zu diesem Zweck ist ein intensives Gespräch mit dem Patienten nahestehenden Personen zu führen. Der Arzt darf den Behandlungsvertrag nicht dahin gehend auslegen, daß nach dem Willen des Patienten die letzte Entscheidung bei ihm – dem Arzt – liegen soll. In die alleinige Kompetenz des Arztes fällt lediglich die Beurteilung, ob der Sterbevorgang eingesetzt hat oder nicht.

Hält der Arzt sich nicht an den ihm bekannten oder von ihm ermittelten Willen des Patienten, so kann er sich wegen **eigenmächtiger Heilbehandlung** und damit Körperverletzung gem. §223 StGB strafbar machen.

Es ist kaum eine Behandlungssituation vorstellbar, in der Patientenwille und ärztliches Gewissen in so existentieller Art und Weise gegeneinanderstehen können wie im Zusammenhang mit der »Tötung auf Verlangen«. Die Lösung dieses Konfliktes kann auch kaum vom Gesetzgeber – der sich gegen eine Novellierung des Rechtes im Sinne der Verfechter der aktiven Sterbehilfe sperrt – verlangt werden. Der **Konflikt** ist und bleibt ein **höchstpersönlicher** zwischen dem Arzt und seinem Patienten.

Die Schweigepflicht – Was muß der Arzt für sich behalten, was darf er offenbaren?

Hochrangige Berufspflicht des Arztes

Die ärztliche Schweigepflicht ist eine der **höchsten** ärztlichen **Standes-** und **Rechtspflichten.** Das **Arztgeheimnis** besitzt nicht nur einen hohen Stellenwert im Bereich der Standesethik und im Berufsrecht, sondern auch im staatlichen Strafrecht: Der **Geheimnisbruch** durch den Arzt wird durch § 203 StGB ausdrücklich unter Strafe gestellt. Dem entspricht das ärztliche **Zeugnisverweigerungsrecht,** das sowohl durch die Strafprozeßordnung wie durch die Zivilprozeßordnung abgesichert wird – ergänzt durch ein ausdrückliches **Beschlagnahmeverbot,** das den Strafverfolgungsbehörden den Zugriff auf die ärztlichen Unterlagen verwehrt. Von dieser **Schweigepflicht entbinden** kann nur der Patient seinen Arzt durch ausdrückliche Erklärung. Diese Regelung trägt der Tatsache Rechnung, daß der persönliche Lebens- und Geheimbereich als selbständiges Rechtsgut im Sinne der Art. 1 und 2 des Grundgesetzes Verfassungsrang besitzt.

Erlaubte Offenbarung von Patientengeheimnissen

Auch im Zusammenhang mit dieser höchstrangigen Berufspflicht des Arztes gilt: »Keine Regel ohne Ausnahme.«

Die Fortschritte der Medizin, in deren Folge durch Spezialisierung und Arbeitsteilung die Behandlung eines Kranken durch einen einzigen Arzt eher die Ausnahme darstellt; die gesetzliche Krankenversicherung, durch die das Arzt-Patienten-Verhältnis sich zu einer Dreiecksbeziehung entwickelt hat; die Datentechnik im Gesundheitswesen, die durch statistische Erhebungen dem wissenschaftlichen Fortschritt und der Gesundheitspolitik insgesamt dienen soll: All dies sind –

keineswegs abschließend – Bereiche, in denen der Arzt im Interesse der gesellschaftlichen Vor- und Fürsorge Patientendaten weiterzugeben verpflichtet ist.

Offenbarungspflicht

So besteht eine **gesetzliche Pflicht zur Offenbarung von Patientengeheimnissen** beispielsweise in folgenden Fällen:

- **Geschlechtskrankheiten** sind dem Gesundheitsamt und – im Falle von Minderjährigen oder Entmündigten – gegenüber dem Erziehungsberechtigten bzw. Vormund zu offenbaren
- nach dem Bundesseuchengesetz sind **ansteckende Krankheiten** meldepflichtig bei der zuständigen Gesundheitsbehörde; Angehörige dürfen nur unterrichtet werden, wenn der Patient – entsprechend aufgeklärt – nicht von sich aus bereit ist, die notwendigen Schutzmaßnahmen zu ergreifen
- **Schwangerschaftsabbrüche** sind (anonymisiert) dem Statistischen Bundesamt und den Sozialleistungsträgern mitzuteilen
- eine Meldepflicht besteht auch bei **erkennbaren Fehlbildungen** bei Lebend- und Totgeburten gegenüber dem Standesamt
- nach dem Strafgesetzbuch sind meldepflichtig **geplante schwere Verbrechen.**

Offenbarungsberechtigung

Eine **Berechtigung** – nicht Verpflichtung – des Arztes zur Offenbarung des Patientengeheimnisses besteht dann, wenn dies zum **Schutz eines höherwertigen Rechtsgutes** erforderlich ist.

Aktuelles und brisantes Beispiel in diesem Zusammenhang ist eine **HIV-Infektion.** Eine Infizierung oder Erkrankung an Aids ist – noch – nicht meldepflichtig nach dem Bundesseuchengesetz. Muß der Arzt davon ausgehen, daß durch den Erkrankten Leben und Gesundheit Dritter gefährdet werden, so ist er **berechtigt,** sowohl den Ehe- oder Sexualpartner wie auch den Arbeitgeber des Patienten, den nachbehandelnden Arzt oder die Blutspendeorganisation zu unterrichten. Gleiches gilt für den Fall, daß ein Patient mit einem schweren Augenleiden, mit chronischem Alkoholabusus oder epileptischen Anfällen trotz der damit einhergehenden Beeinträchtigungen am Straßenverkehr teilnimmt und damit die Allgemeinheit gefährdet. In diesem Falle **kann** der Arzt die Verkehrsbehörde unterrichten.

Entdeckt ein Arzt bei der Behandlung eines Kindes Hinweise auf eine **Kindesmißhandlung** oder einen **Kindesmißbrauch,** so **darf** er in Wahrung der Interessen des Kindes Polizei und/oder Jugendamt benachrichtigen.

Gleichgelagerte Fälle geben dem Arzt als **rechtfertigender Notstand** im Sinne des § 34 StGB eine **gesetzliche Berechtigung** zum Bruch der Schweige**pflicht.**

Unbedingte Voraussetzung für einen solchen Bruch der Schweigepflicht ist allerdings, daß der Arzt zuvor alles ihm Mögliche unternommen hat, um den betroffenen Patienten selbst dazu zu veranlassen, eine Gefährdung Dritter auszuschließen.

Offenbarungsbefugnis kraft Einwilligung

Eine **Befugnis zur Offenbarung** von Patientengeheimnissen gibt dem Arzt die entsprechende **Einwilligung des Patienten.**

Keinerlei rechtliche Probleme entstehen, wenn diese Einwilligung in Form einer **ausdrücklichen Erklärung** – wie bereits oben erwähnt – vorliegt. Die Entbindung von der ärztlichen Schweigepflicht kann seitens des Patienten allerdings auch durch **schlüssige Handlung** erfolgen. **Beispiele:**

- wenn der Patient den Arzt aufsucht zum Zwecke einer Einstellungsuntersuchung,

- weil er eine Lebensversicherung abzuschließen beabsichtigt,
- um eine berufsgenossenschaftliche Heilbehandlung oder Rentenleistungen in Anspruch nehmen zu können.

In diesen Fällen **will** der Patient, daß Arbeitgeber, Versicherung, Berufsgenossenschaft über den ärztlichen Befund informiert werden. Ein wichtiger Fall der Einwilligung des Patienten in eine Weitergabe von Patientendaten durch schlüssige Handlung ist die **Inanspruchnahme kassenärztlicher Leistungen** auf Krankenschein: Notwendigerweise muß der Arzt zur Abrechnung der von ihm erbrachten Leistungen entsprechende Angaben gegenüber der Krankenversicherung machen.

Mutmaßliches Einverständnis

Von einem **mutmaßlichen Einverständnis** oder einer **mutmaßlichen Einwilligung** darf der Arzt ausgehen, wenn die Weitergabe von Patientendaten ersichtlich **im Interesse des Patienten** liegt. **Beispiele:**

- wenn der Patient einen Arztwechsel vornimmt und der nachbehandelnde Arzt über den Untersuchungsbefund und den bisherigen Behandlungsverlauf informiert sein muß;
- wenn der behandelnde Arzt seine Praxis einschließlich der bisherigen Patientenkartei weiterverkauft oder mit einem anderen Arzt eine Gemeinschaftspraxis begründet;
- wenn der behandelnde Arzt – auch ohne Wissen des Patienten – einen Konsiliararzt einschaltet;
- im Fall des bewußtlosen Unfallverletzten, bei dem eine Information der nächsten Angehörigen durch den Arzt erfolgt.

Patienteninteresse

Ersichtlich im Interesse des Patienten liegt die Ausstellung von **Attesten** und **Bescheinigungen,** die der Patient zur Vorlage beim Arbeitgeber oder bei Behörden benötigt. Diese Atteste enthalten notwendigerweise Angaben über einen bestimmten Krankheitszustand, über Vorgänge oder Behandlungssituationen. Damit werden – grundsätzlich der Schweigepflicht unterfallende – Patientendaten an Außenstehende übermittelt. Die **Befugnis** des Arztes zur Weitergabe von Einzelheiten aus dem Arzt-Patienten-Verhältnis wird hier zu einer **Pflicht.**

Dennoch: Das Verbot, Patientengeheimnisse zu offenbaren, besteht fort. Deshalb darf der Arzt in ein Attest oder eine Bescheinigung nur die Angaben aufnehmen, die unbedingt erforderlich sind, um den von dem Patienten mit der Vorlage des Attestes verfolgten Zweck zu erreichen. So darf in einem Attest, das die krankheitsbedingte Prüfungsunfähigkeit eines Kandidaten bescheinigt, die Diagnose nicht enthalten sein. Dies gilt auch für eine vorübergehende Dienstunfähigkeit eines Beamten. Nur wenn der betreffende Beamte sein Einverständnis erklärt, kann in einer solchen Arbeitsunfähigkeitsbescheinigung die Diagnose genannt werden. Andererseits bedarf eine Bescheinigung über das Bestehen einer Schwangerschaft selbstverständlich der Angabe, daß und seit wann eine Schwangerschaft besteht. Auch eine Diätbescheinigung für das Finanzamt muß aus Sachgründen die einer bestimmten Diätverordnung zugrundeliegende Erkrankung beim Namen nennen.

»Gefälligkeitsatteste«

Verboten ist dem Arzt das Ausstellen von unrichtigen oder sog. **Gefälligkeitsattesten.** Beides steht unter Strafandrohung und unter standesrechtlichen Sanktionen.

Bruch der Schweigepflicht

Ein **Recht zum Bruch der Schweigepflicht** hat der Arzt in **Wahrung eigener Interessen:** Bei der **gerichtlichen** Geltendmachung seines Honoraranspruches oder wenn er sich im Rahmen eines Straf- oder berufsständischen Verfahrens gegenüber Vorwürfen seines früheren Patienten zur Wehr setzen muß.

Ein solches Recht zur Offenbarung von Patientendaten besteht – im Gegensatz zur gerichtlichen Durchsetzung – **nicht** in den Fällen, in denen sich ein Arzt zur Durchsetzung seiner Honoraransprüche **privatärztlicher oder gewerblicher Verrechnungsstellen** bedient. Gegenüber diesen Verrechnungsstellen gilt die ärztliche Schweigepflicht. Der Arzt darf daher Daten an privatärztliche Verrechnungsstellen nur dann weitergeben, wenn das **ausdrückliche Einverständnis** des Patienten vorliegt.

Folgen der Schweigepflichtverletzung

Bricht der Arzt seine Schweigepflicht, ohne daß er dazu berechtigt war – sei es durch ausdrückliche oder mutmaßliche Einwilligung des Patienten, sei es durch gesetzliche Mitteilungspflichten oder durch gesetzliche Befugnisse –, so setzt sich der Arzt **strafrechtlichen** und **berufsrechtlichen Sanktionen** aus.

Zivilrechtlich kann er von dem Patienten wegen der Verletzung seines Persönlichkeitsrechtes (eine »unerlaubte Handlung« im Sinne des § 823 II BGB i.V.m. § 203 StGB) und/oder wegen einer Verletzung des Behandlungsvertrages (eine »positive Vertragsverletzung« im Sinne des § 323 BGB) in Anspruch genommen werden. Ein Schaden, den der Arzt seinem Patienten ggf. zu ersetzen hat, kann in Form von Einkommenseinbußen bei Verlust des Arbeitsplatzes entstehen oder auch in Form von Scheidungsfolgelasten, wenn Ursache für das Scheitern der Ehe der Bruch der ärztlichen Schweigepflicht war.

Im Mittelpunkt der ärztlichen Schweigepflicht stehen – wie wir gesehen haben – der **Patient** und dessen **schutzwürdige Interessen.** Der gleiche Schutzgedanke liegt einer weiteren wichtigen ärztlichen Pflicht zugrunde: nämlich der **ärztlichen Dokumentationspflicht.**

Die Dokumentationspflicht – Zweck und Umfang

Gesetzliche Pflicht zur Dokumentation

Die Fertigung von Aufzeichnungen, angefangen von der Anamnese über Diagnostik und Diagnose bis hin zum Behandlungsverlauf, gehört nicht nur zu den **vertraglichen Pflichten** aus dem Arztvertrag. Die Pflicht zur ausführlichen, sorgfältigen und vollständigen Dokumentation folgt auch aus den gesetzlichen Regelungen der »unerlaubten Handlung« und stellt deshalb eine **deliktisch begründete Pflicht** dar. Sie ist darüber hinaus **gesetzlich verankert** in verschiedenen Verordnungen und auch im ärztlichen Standesrecht. Dies gilt für den behandelnden Arzt ebenso wie für die Behandlung im Krankenhaus.

Zweck

Zweck der Dokumentation ist

- **Therapiesicherung**
- **Rechenschaftslegung**
- **Beweissicherung.**

Therapiesicherung

Im Rahmen des Dokumentationszweckes **Therapiesicherung** soll die Grundlage für eine sachgerechte Behandlung und Weiterbehandlung des Patienten geschaffen werden. Jeder mit- und nachbehandelnde Arzt soll auf diese Weise ein vollständiges Bild über bereits durchgeführte diagnostische und therapeutische Maßnahmen erhalten.

Rechenschaftslegung

Dem Dokumentationszweck **Rechenschaftslegung** entspricht eine grundsätzlich bestehende **Rechenschaftspflicht** des Arztes. Die von dem Arzt anzufertigenden schriftlichen Aufzeichnungen über seine Maßnahmen und Feststellungen sollen dem Patienten die Möglichkeit geben, den eigenen Krankheits- und Behandlungsablauf nachzuvollziehen. Diese Aufzeichnungen dienen auch als Grundlage für die Einholung einer »anderen Meinung«: Will ein Patient sich mit einer bestimmten Diagnose oder mit einer vorgeschlagenen Behandlungsform nicht abfinden, so soll er die Möglichkeit bekommen, einen anderen Arzt mit der **Überprüfung** – nicht Kontrolle! – der zugrundeliegenden ärztlichen Feststellungen zu beauftragen.

Gleichzeitig dient die Dokumentation im Verhältnis zum Kostenträger der Kontrolle im Hinblick auf die Erstattungsfähigkeit der erbrachten ärztlichen Leistungen.

Beweissicherung

Der dritte Dokumentationszweck **Beweissicherung** ist nicht ganz unumstritten. Er bedeutet im Ergebnis, daß der Arzt verpflichtet ist, durch eigene Aufzeichnungen »Material« zu sammeln, das dem Patienten Beweismittel liefert für den Fall, daß er seinen Arzt wegen fehlerhafter Behandlung in Anspruch zu nehmen beabsichtigt.

Diese sicher weitgehende Zweckbestimmung der ärztlichen Dokumentationspflicht stößt nach wie vor auf Bedenken. Die höchstrichterliche **Rechtsprechung** »bestraft« jedoch unzureichende Dokumentation im Rahmen der Beweiswürdigung mit erheblichen Nachteilen für den betroffenen

Arzt. Im Hinblick auf die tatsächlichen rechtlichen Konsequenzen hat deshalb die Dokumentationspflicht auch den Zweck der Beweissicherung.

Inhalt

Inhalt der zu fertigenden ärztlichen Aufzeichnungen ist konkret folgender:

- die wichtigsten diagnostischen und therapeutischen Maßnahmen (Diagnoseuntersuchungen, Funktionsbefunde, Medikation, ärztliche Hinweise für und Anweisungen an die Funktions- und Behandlungspflege, Abweichung von Standardbehandlungen)
- Verlaufsdaten (Aufklärung, Operationsbericht, Narkoseprotokoll, Zwischenfälle, Wechsel des Operateurs während der Operation, Anfängerkontrolle, Intensivpflege, Verlassen des Krankenhauses gegen ärztlichen Rat).

Zu dokumentieren sind – wie sich aus der Aufstellung ergibt – **Fakten, nicht bloße Vermutungen** oder **ungesicherte Befunde.** Eine **Verdachtsdiagnose,** auch wenn sie sich später nicht bestätigt, muß jedoch als solche gekennzeichnet und aufgezeichnet werden.

Die Dokumentation kann auch in **Stichwort-** und **Symbolform** erfolgen. So genügt es beispielsweise für die erforderliche Kennzeichnung der Lagerung des Patienten in der für eine Bandscheibenoperation typischen »Häschenstellung«, wenn in den ärztlichen Aufzeichnungen das Symbol von zwei Hasenohren auftaucht.

Wichtig ist nur eines: Ein Fachmann muß die ärztlichen Aufzeichnungen lesen und verstehen können. Deshalb müssen auch selbstverständliche **Routinehandlungen** nicht besonders aufgezeichnet werden.

Zeitnahe Dokumentation

Unverzichtbar ist eine **zeitnahe Dokumentation.** Ärztliche Aufzeichnungen, die erst lange nach der Behandlung oder Operation gefertigt werden, können zu den gleichen negativen Folgen für den betroffenen Arzt führen wie eine gar nicht vorhandene oder unzureichende Dokumentation.

Alle bis hierher erörterten Pflichten des Arztes – seien es die einzelnen unter dem Stichwort »Therapiefreiheit« aufgeführten, ebenso wie die Aufklärungs- und Dokumentationspflichten – haben eine besondere **Bedeutung** im Rahmen einer **Medizinschadens-Auseinandersetzung.**

Die Organisationspflichten – Was schuldet der Arzt dem Patienten im Praxisalltag?

Das besondere Vertrauen, das die Arzt-Patienten-Beziehung auszeichnet, berechtigt den Patienten zu der Erwartung, daß ihm von seinem behandelnden Arzt in hohem Maße Aufmerksamkeit und Zuwendung zuteil wird. Es verpflichtet den Arzt dazu, dieser Erwartungshaltung zu entsprechen. Dies wird – wie jeder Patient erfahren hat – nicht immer möglich und machbar sein. Beeinträchtigungen des Arzt-Patienten-Verhältnisses entstehen häufig im Praxisalltag aufgrund der Tatsache, daß trotz Bestellpraxis lange Wartezeiten bestehen, oder aber der behandelnde Arzt nicht oder nicht immer persönlich ansprechbar ist.

▶ Muß der Arzt vereinbarte Behandlungstermine einhalten?

Auch bei der heute allgemein üblichen Bestellpraxis ist es gang und gäbe, daß ein Patient Wartezeiten in Kauf zu nehmen hat. **Zumutbar** ist eine

Überschreitung des vereinbarten Termins um etwa **30 Min.** Kann der Arzt absehen, daß er einen vereinbarten Termin nicht einzuhalten vermag, so ist er **verpflichtet**, den Patienten zu **informieren.**

Unterläßt der Arzt diese Information und muß der Patient unzumutbar lange warten, so macht der Arzt sich **schadenersatzpflichtig** unter dem Gesichtspunkt des **Organisationsverschuldens:** Der Arzt muß etwa entstehenden Verdienstausfall ebenso ersetzen wie vergeblich aufgewandte Fahrtkosten. Diese Haftung wegen Organisationsverschuldens setzt jedoch ein **tatsächliches Verschulden** auf seiten des Arztes voraus. Ist der Arzt beispielsweise operativ tätiger Belegarzt – wie häufig in gynäkologischen Praxen – oder Unfallchirurg, der auch während der Praxiszeiten zu Entbindungen gerufen werden bzw. unvorhersehbar in Notfällen tätig werden muß, so wird man ihm sicherlich ein Verschulden bei Terminüberschreitungen nicht anlasten können. Ein Verschulden wäre ihm nur vorzuwerfen, wenn er nicht dafür Sorge trägt, daß – soweit noch möglich – eine Information des Patienten erfolgt.

▸ Muß der Arzt seinen Patienten persönlich behandeln?

Der Arztvertrag begründet grundsätzlich eine **persönliche ärztliche Leistungspflicht.** Das heißt, ein Arzt hat die Pflicht, jeden Patienten, der sich in seine Behandlung begibt, auch persönlich zu betreuen; es ist ihm **verboten,** ärztliche Maßnahmen auf Dritte zu übertragen.

Delegationsfähige Maßnahmen

Es gibt jedoch auch **delegationsfähige Maßnahmen** – Tätigkeiten, die von nicht ärztlichen Hilfspersonen übernommen werden können und dürfen. Dazu gehören grundsätzlich alle Laborleistungen, der Wechsel von Dauerkathetern und der Wechsel einfacher Verbände sowie die Anfertigung von Röntgenaufnahmen. **Im Einzelfall** dürfen nicht-ärztliche Mitarbeiter auch mit der Verabreichung von Injektionen, Infusionen und Blutentnahmen beauftragt werden. **Voraussetzung** ist allerdings, daß diese beauftragten Mitarbeiter die erforderliche berufliche Qualifikation, Zuverlässigkeit und Erfahrung mitbringen und **der Zustand des Patienten und die Art seiner Erkrankung** ein persönliches ärztliches Tätigwerden nicht unbedingt verlangen.

Nicht delegationsfähig sind alle Maßnahmen, die wegen besonderer Schwierigkeiten, wegen ihrer Gefährlichkeit oder wegen der Unvorhersehbarkeit etwaiger physiologischer Reaktionen des Patienten ein unmittelbares persönliches Tätigwerden des Arztes erfordern.

Berechtigt ist der Arzt selbstverständlich, für den Fall seiner Verhinderung einen **ärztlichen Vertreter** mit der Führung der Praxis und der Patientenbetreuung zu beauftragen.

Praxisgemeinschaft

Die Verpflichtung zur persönlichen Leistungserbringung kann sich für einen Arzt dann relativieren, wenn er sich mit einem oder mehreren anderen Ärzten in gemeinsamer Praxis zusammengeschlossen hat. Dieser Zusammenschluß ist rechtlich möglich in Form einer **Praxisgemeinschaft** oder in Form einer **Gemeinschaftspraxis.** Für die Pflicht zur persönlichen Leistungserbringung ergeben sich daraus unterschiedliche Konsequenzen: In einer **Praxisgemeinschaft** hat jeder der Ärzte seinen **eigenen Patientenstamm.** Er ist also gegenüber diesen Patienten zur **persönlichen Leistungserbringung** – mit den erwähnten Delegationsmöglichkeiten – verpflichtet. Geteilt werden in der Rechtsform der Praxisgemeinschaft lediglich Räume, Personal und medizinisch-technische Einrichtungen.

Gemeinschaftspraxis

Beim Zusammenschluß von Ärzten in der Rechtsform der **Gemeinschaftspraxis** kommt nicht ein Vertrag zwischen dem Patienten und **einem Arzt,** sondern ein Vertrag zwischen Patient und **allen Ärzten** der Gemeinschaftspraxis zustande. Das heißt konkret: Die ärztlichen Leistungen sind **austauschbar.** Jeder der Ärzte der Gemeinschaftspraxis schuldet jedem einzelnen Patienten die vertraglichen ärztlichen Leistungen. Und: Alle Ärzte der Gemeinschaftspraxis **haften gemeinsam** aus dem Arztvertrag als **Gesamtschuldner** für einen etwa von einem Arzt alleine verursachten Behandlungsfehler.

Kein abschließender Pflichtenkatalog

Dieser Pflichtenkatalog ist keineswegs abschließend; er beschränkt sich auf die im Rahmen eines Behandlungsvertrages **wesentlichen Pflichten** des Arztes, die jeder Patient kennen und verstehen sollte – nicht etwa, um eine mögliche Verletzung grundsätzlich dem Arzt zum Vorwurf zu machen. Es entlastet das Arzt-Patienten-Verhältnis, wenn ein Patient nachvollziehen und berücksichtigen kann, wie komplex und vielfältig die Anforderungen sind, denen sich ein Arzt – zusätzlich zu seinen unter Eid übernommenen Verpflichtungen, Leben und Gesundheit zu erhalten – im Verlauf jeder einzelnen Behandlung stellen muß.

5. Welche Rechte und Pflichten hat der Patient?

Als Pendant zu den Rechten und Pflichten des Arztes sind die Rechte und Pflichten des Patienten zu sehen. Den Pflichten des Arztes entsprechen Rechte auf Patientenseite – mit den Rechten des Arztes korrespondieren bestimmte Pflichten des Patienten.

Starke Position des Patienten

Diese gegenseitige Abhängigkeit bedeutet auch: In dem besonderen Rechtsverhältnis Arzt/Patient hat der Patient quantitativ und auch qualitativ eine deutlich **stärkere Position.** Quantitativ, weil dem bereits bekannten großen Pflichtenkatalog des Arztes entsprechend umfangreiche Rechte des Patienten gegenüberstehen. Qualitativ, weil ein Verstoß des Arztes gegen die ihm auferlegten Pflichten zu erheblichen, insbesondere haftungsrechtlichen Nachteilen führen kann, während ein Patient, der gegen ihm obliegende Pflichten verstößt, allenfalls sich selbst in seinen ureigenen Interessen schädigt. Diese »Ungleichheit« trägt der **besonderen Schutzbedürftigkeit des Patienten** Rechnung: Bei jeder ärztlichen Behandlung, insbesondere einem operativen Eingriff stehen immer die körperliche Integrität und existentielle Menschenrechte des Patienten zur Disposition.

Selbstverständlich ist, daß der Patient ein Recht hat auf eine dem medizinischen Standard und der »lege artis« entsprechende **sorgfältige Behandlung** durch seinen Arzt und im Gegenzug verpflichtet ist, eine angemessene **Honorierung** sicherzustellen. Als gleichberechtigt stehen sich Arzt und Patient auch im Hinblick auf ihre grundsätzliche **Vertragsfreiheit** gegenüber: Der Patient kann sich seinen Arzt (freie Arztwahl), der Arzt aber auch seine

Patienten »aussuchen« (kein Kontrahierungszwang, vgl. Seite 93). Diese grundlegenden vertraglichen gegenseitigen Rechte und Pflichten finden Sie unter IV., *Der Patient und sein Arzt*, Seite 90ff.

Vertragliche Rechte des Patienten

Folgende besondere vertragliche Rechte besitzt der Patient:

- Das **Selbstbestimmungsrecht** (Pendant: ärztliche Aufklärungspflicht, aber auch Grenzen ärztlicher Therapiefreiheit).
- Das **Direktionsrecht** (Pendant: kein eigenes ärztliches Behandlungsrecht).
- Das **Recht** zur **Einsichtnahme** in die **Krankenunterlagen** (Pendant: ärztliche Dokumentationspflicht).

Die **Pflichten** des Patienten lassen sich auf einen wesentlichen Komplex reduzieren: die Mitwirkungspflicht.

Nur die Beachtung dieser Pflichten ermöglicht es dem Arzt, den von beiden Vertragspartnern gemeinsam angestrebten Vertragszweck Heilung zu erfüllen. Sie sind deshalb **Hauptpflichten** des Patienten aus dem Behandlungsvertrag.

Zu den Rechten und Pflichten des Patienten im einzelnen:

Das Selbstbestimmungsrecht – Wie weit geht es?

Grundlagen und überragende Bedeutung des **Selbstbestimmungsrechtes** des Patienten haben wir bereits im Zusammenhang mit der ärztlichen Aufklärungspflicht (siehe Seite 112) erörtert. Der Wille des einzelnen – so hat es das Bundesverfassungsgericht bereits in einer Leitentscheidung im Jahre 1972 festgeschrieben – ist tragender Bestandteil einer ärztlichen Behandlung von ihrem Beginn über ihren Verlauf im einzelnen bis zum Zeitpunkt der Beendigung.

Wir haben gesehen: Nur der **aufgeklärte** und **informierte Patient** kann rechtswirksam in eine Behandlung, in einen operativen Eingriff, **einwilligen;** ansonsten ist die ärztliche Behandlung eine Körperverletzung mit entsprechenden strafrechtlichen und zivilrechtlichen Folgen.

Wir haben weiter gesehen: In Wahrung des Selbstbestimmungsrechtes des Patienten muß ein Arzt alle ihm zu Gebote stehenden Mittel und Möglichkeiten ausschöpfen, um selbst den **mutmaßlichen Willen** zu ermitteln. In keinem Fall darf ein Arzt aus eigener Machtbefugnis, aus einem eigenen Behandlungsrecht heraus, eine Behandlung beginnen, fortsetzen oder beenden.

Ausprägungen des Selbstbestimmungsrechtes

Konkrete Formen nimmt die Ausübung des Selbstbestimmungsrechtes durch den Patienten an bei

- der **Einwilligungserklärung** in einen ärztlichen Heileingriff,
- bei der **Entbindungserklärung** von der ärztlichen **Schweigepflicht,**
- bei der **Abfassung** eines **Patiententestamentes.**

Grenzen des Selbstbestimmungsrechtes

Seine **Grenze** findet das Selbstbestimmungsrecht des Patienten oder jedenfalls die Berücksichtigung des Selbstbestimmungsrechtes durch den Arzt dort, wo der Patient von seinem Recht in »unvernünftiger« Art und Weise Gebrauch macht. Der Arzt ist nämlich nicht nur dem **Willen,** sondern auch dem **Wohl** seines Patienten verpflichtet. Ist also der vom Patienten geäußerte Wille aus medizinischer Sicht in keiner Weise mit dessen Wohl vereinbar, so wird man dem Arzt keinen Vorwurf daraus machen, daß er sich diesem »unvernünftigen« Willen widersetzt. Im Gegenteil: Er setzt sich strafrechtlichen Sanktionen und zivilrechtlichen Behandlungsfehlervorwürfen aus, wenn er sich gegen die Regeln ärztlicher Kunst dem medizinisch nicht vertretbaren Willen des Patienten unterwirft.

Beispiel

Verlangt ein Patient von seinem Zahnarzt die Entfernung sämtlicher Zähne, obgleich dies medizinisch in keiner Weise indiziert war, so hat der Arzt alles in seinen Mitteln und Möglichkeiten Stehende zu unternehmen, um den Patienten von diesem unvernünftigen Entschluß abzubringen. In einem konkreten Fall dieser Art ist der betroffene Arzt, der wunschgemäß die Zähne gezogen hat, strafrechtlich zur Verantwortung gezogen worden und hat auch im Zivilprozeß Schadenersatz wegen eines Behandlungsfehlers leisten müssen.

Das Selbstbestimmungsrecht berechtigt den Patienten und verpflichtet den Arzt also nur so weit, als es in **Wahrnehmung wohlverstandener Interessen** des Patienten ausgeübt wird. Wie richtig die eingangs zitierte Aussage von Karl Jaspers ist – »Das Arzt-Patienten-Verhältnis ist eines zweier **vernünftiger** Menschen, in dem der wissenschaftliche Sachkundige dem Kranken hilft« –, wird an diesem Beispiel deutlich.

Das Direktionsrecht – Der Arzt als »Befehlsempfänger« des Patienten?

Auch das Direktions- oder Weisungsrecht des Patienten ist Ausdruck der unter Verfassungsschutz stehenden Persönlichkeitsrechte. Insofern unterscheidet es sich nicht vom Selbstbestimmungsrecht. Während das Selbstbestimmungsrecht sich auf das »Ob« einer Behandlung bezieht, betrifft das **Direktionsrecht** eher das »Wie«.

Grenzen des Weisungsrechtes

Wir haben bereits festgestellt: Bei der Behandlung hat der Arzt eine grundsätzliche **Methoden- und Therapiefreiheit** – beschränkt lediglich durch den Willen des aufgeklärten Patienten und durch seine ärztlichen Sorgfaltspflichten (vgl. Seite 111f.).

Wir haben aber auch festgestellt: Der Arztvertrag ist ein **Dienstvertrag** (vgl. Seite 103f.). Aus diesem Dienstvertrag folgt ein unmittelbares Recht des Leistungsberechtigten – also des Patienten –, Art und Umfang der Leistung des Dienstverpflichteten – also des Arztes – zu bestimmen.

Der Patient als medizinischer Laie verfügt jedoch nicht über die Sachkunde, seinen Zustand und die damit verbundenen diagnostischen und therapeutischen Möglichkeiten und Notwendigkeiten einzuschätzen. Aus diesen Gründen wird ein Patient sein grundsätzliches dienstvertragliches Weisungsrecht nur bedingt ausüben können.

Weisungsrecht

Gewicht hat das Weisungsrecht des Patienten allerdings in folgenden Behandlungsbereichen:

- **Kosmetische Operationen**

Wir haben dazu bereits wiederholt angemerkt, daß oftmals bei kosmetischen Korrekturen eine **medi-**

zinische Indikation im engeren Sinne – zum Zweck der Heilung – **nicht besteht.** Eingriffe dieser Art werden in der Regel auf ausdrücklichen Wunsch und entsprechend dem Willen des Patienten vorgenommen.

Diese Tatsache entbindet den Arzt – wie ebenfalls bereits erwähnt (vgl. Seite 126 – Pflicht zur Indikationsstellung) – nicht von der **Notwendigkeit,** die **Vertretbarkeit** eines solchen **Eingriffs** unter psychologischen und auch sozialen Gesichtspunkten sorgfältig zu **überprüfen** und in besonders intensiver Weise auf die mit dem Eingriff möglicherweise verbundenen Risiken aufmerksam zu machen.

▸ Intensivmedizin

Das Weisungsrecht des Patienten gestaltet sich im Zusammenhang mit dem möglichen Abbruch oder der Art der Fortsetzung einer Behandlung als absolut beachtenswerter Ausdruck seines Selbstbestimmungsrechtes.

Bei der Entscheidung darüber, ob lebensverlängernde Maßnahmen zu ergreifen oder zu unterlassen sind, hat der Patient ein unbedingtes **»Vetorecht«** – auch wenn die Ausübung dieses Vetorechtes sich aus ärztlicher Sicht als unvernünftig darstellen sollte (vgl. Seite 133ff. – Grenzen ärztlicher Tätigkeit).

▸ Wirtschaftliche Konsequenzen einer Behandlung

Soweit es um vom Patienten zu tragende finanzielle Folgen einer Behandlung geht, besteht sogar ein **gesetzlich verankertes Weisungsrecht.** Nach der Gebührenordnung für Ärzte (GOÄ) und auch der für Zahnärzte (GOZ) darf der Arzt bei der Behandlung von Privatpatienten Leistungen, die über das Maß einer medizinisch notwendigen ärztlichen Versorgung hinausgehen, nur dann in Rechnung stellen, wenn sie auf ausdrückliches **Verlangen** und **Weisung** des zahlungspflichtigen Patienten erbracht werden.

Heil- und Kostenplan

Grundsätzlich ist es möglich, Leistungen und Honorare zu vereinbaren, die von den Gebührenordnungen nicht erfaßt werden. Eine solche Vereinbarung muß jedoch schriftlich getroffen werden und einen **Heil- und Kostenplan** enthalten, in dem die einzelnen Leistungen und ihre Vergütungen aufgeführt sind. Diese Vereinbarung muß auch die Feststellung enthalten, daß die Leistungen auf **Verlangen des Patienten** erbracht werden und eine Kostenerstattung durch den Versicherungsträger möglicherweise nicht gewährleistet ist.

Der Schutzzweck, dem diese Regelung dient, ist nur dann gewährleistet, wenn diese Vereinbarung und der Heil- und Kostenplan **vor Beginn der Behandlung** dem Patienten zur Kenntnis gebracht wird. Wird eine von der Gebührenordnung nicht erfaßte und vom Leistungsträger nicht erstattete Behandlung durchgeführt, ohne daß dies der Patient ausdrücklich verlangt hat und liegt dieser Behandlung eine Vereinbarung mit verbindlichem Heil- und Kostenplan nicht zugrunde, so hat der Patient das **Recht, die Honorarzahlung zu verweigern.** Das gleiche gilt für den Fall, daß die Liquidation den Rahmen des Vereinbarten übersteigt.

Das grundsätzliche Recht des Patienten, Weisungen zu erteilen, bedeutet nicht, daß er jeden **Wunsch** gegenüber dem Arzt im Hinblick auf eine bestimmte Form der Behandlung durchzusetzen befugt ist.

Beispiele

Wie bereits oben dargestellt, darf ein Arzt eine Behandlung ablehnen, wenn der Patient beispielsweise nach Rezepten oder nach ärztlichen Behandlungsmaßnahmen verlangt, die nicht indiziert und damit unwirtschaftlich sind. Mit der zunehmenden Popularität von Außenseitermethoden entwickelt sich auch eine entsprechende **Erwartungshaltung** der Patienten gegenüber ihrem Arzt, von dem verlangt wird, daß er diese Außenseitermethoden auch anwendet. Es bedeutet **keinen** Verstoß gegen das Weisungsrecht des Patienten, wenn ein Arzt die Anwendung dieser Außenseitermethoden – sofern sie von seinen eigenen Therapievorstellungen abweichen – ablehnt. Das Weisungsrecht des Patienten soll den Arzt nicht zu einer **Gefälligkeitstherapie** verpflichten.

Andererseits wird sich ein Arzt, der nach eingehender Aufklärung dem hartnäckigen Wunsch eines Patienten auf Anwendung einer Außenseitermethode entspricht, haftungsrechtlich nicht verantworten müssen.

Gleiches gilt für die Verschreibung von und die Behandlung mit **Medikamenten:** verschreiben und verwenden darf der Arzt nur das, was **therapeutisch erforderlich** und **wirtschaftlich vertretbar** ist – nicht das, was der Patient sich vielleicht wünscht und vorstellt. Die **Kostendämpfung** unter dem Gesundheitsstrukturgesetz – von der wir schon wiederholt gesprochen haben – wird sich auch »dämpfend« auf Wunschvorstellungen von Patienten auswirken.

Freigestellt ist es dem Patienten, eine bestimmte medikamentöse Behandlung abzulehnen. Hier kommen wiederum die **Aufklärungspflichten** des Arztes zum Tragen, ebenso auch die Frage nach den **Mitwirkungspflichten** des Patienten, die anschließend noch zu erörtern sein werden.

Das Recht zur Einsichtnahme in die Krankenunterlagen – Eine Kontrollbefugnis des Patienten?

Das Recht des Patienten, seine Kranken- und Behandlungsunterlagen einsehen zu dürfen, steht in unmittelbarem Zusammenhang mit der **ärztlichen Dokumentationspflicht.** Nachdem die Rechtsprechung ein Recht des Patienten an seinen persönlichen Daten, die auch in Behandlungsunterlagen Eingang finden, als **Ausdruck des Persönlichkeitsrechtes** »entdeckt« hatte, war die Begründung einer ärztlichen Dokumentationspflicht die notwendige Konsequenz.

Noch bis Anfang der 70er Jahre war das »Ob« und »Wie« der Dokumentation allein ins Belieben und Ermessen des Arztes gestellt; seine Aufzeichnungen dienten ihm nur als eigene, interne Gedächtnisstütze. Die Pflicht gegenüber dem Patienten, diese Aufzeichnungen sorgfältig und vollständig zu führen, ist die unmittelbare Auswirkung der Festschreibung eines Einsichtrechtes des Patienten in die Krankenunterlagen.

Bedeutung des Einsichtrechts

Inhalt, Zweck und Grenzen der ärztlichen Dokumentationspflicht sind bereits bekannt (vgl. Seite 145 ff.). Aus dem **Zweck der Dokumentation** ergibt sich gleichzeitig die **Bedeutung des Einsichtrechtes** für den Patienten:

- Der Patient soll seine Behandlung nachvollziehen und aufgrund der ärztlichen Aufzeichnungen ggf. eine »andere Meinung« über das weitere Vorgehen einholen können.
- Er soll auch bei dem Verdacht eines Behandlungsfehlers durch vorprozessuale Einsichtnahme die Möglichkeit erhalten, einen dahingehenden Verdacht zu überprüfen oder überprüfen zu lassen.

Ausübung und Begründung des Einsichtrechts

Das Einsichtrecht ist zwar ein sich unmittelbar aus dem Arztvertrag ergebendes **vertragliches Nebenrecht.** Seine Ausübung muß jedoch jeweils durch **sachliche Interessen** begründet und gerechtfertigt sein. Das heißt: Ein Patient kann nicht in Wahrnehmung seines Einsichtrechtes verlangen, daß der Arzt ihn bei Fertigung seiner Unterlagen »über die Schulter« schauen läßt. Der Patient muß jedoch auch nicht die **Gründe,** die ihn zur Ausübung des Einsichtrechtes bewegen, im einzelnen **darlegen.** Willkür und Mißbrauch des grundsätzlichen Einsichtsrechtes sollen und müssen ausgeschlossen werden. Auch hier gilt der Appell an den »vernünftigen Patienten«, der selbstverständlich von seinen Rechten nur dann und soweit Gebrauch macht, wie es in Wahrnehmung seiner berechtigten Interessen geboten ist.

Beschränkungen

Beschränkt wird das Einsichtrecht auf die »naturwissenschaftlich konkretisierbaren Befunde und Aufzeichnungen über konkrete Behandlungsmaßnahmen«. Befinden sich in diesen Aufzeichnungen allerdings **subjektive Wertungen** des Arztes, etwa die Wiedergabe seiner persönlichen Eindrücke von dem Patienten oder seinen Angehörigen oder sonstige sehr persönliche Anmerkungen, so kann der Arzt die Einsichtnahme verweigern, was in der Regel durch Schwärzen dieser speziellen Teilbereiche stattfinden darf.

Mit Rücksicht auf den **subjektiven Charakter** der ärztlichen Aufzeichnungen, aber auch aus **therapeutischen Gründen** kann deshalb ein Arzt die Einsichtnahme in **psychiatrische Krankenunterlagen** ganz oder teilweise verweigern. Hier gilt: Der **therapeutische Schutz** hat **Vorrang vor dem Selbstbestimmungsrecht** des Patienten. Der Patient kann in einem solchen Fall jedoch einen

Arzt seines Vertrauens beauftragen, die psychiatrischen Behandlungsunterlagen einzusehen. Diesem weiterbehandelnden Arzt gegenüber besteht eine Verweigerungsbefugnis des grundsätzlich auskunftspflichtigen Arztes nicht.

Wie wird das Einsichtrecht ausgeübt?

Die **Anforderung** von Krankenunterlagen kann **durch** den **Patienten selbst** und – im Falle seines Todes – **von** seinen **Erben** vorgenommen werden. Die Anforderung muß verbunden sein mit einer **Entbindungserklärung** von der ärztlichen Schweigepflicht.

Ein Recht besteht jedoch nicht auf die Aushändigung der **Originalunterlagen,** sondern lediglich auf Aushändigung von Kopien gegen entsprechende Kostenerstattung. Dem Recht auf Einsichtnahme ist grundsätzlich jedoch auch schon dann Genüge getan, wenn ein Arzt oder Krankenhaus dem Patienten oder seinem Bevollmächtigten die Möglichkeit geben, die Krankenunterlagen in der Praxis oder im Krankenhaus einzusehen.

Praxis

Das Recht auf Einsichtnahme wird heute dem Patienten weder von Ärzten noch von Krankenhäusern ernsthaft streitig gemacht. Sollte es dennoch verweigert werden, so hat der Patient auch einen **einklagbaren Anspruch auf Herausgabe der Krankenunterlagen** (in Fotokopie).

Die Mitwirkungspflicht – Was wird von dem Patienten erwartet?

Ebenso wie Rechte und Pflichten von Arzt und Patient sich wechselseitig bedingen und ergänzen, besteht auch eine Wechselwirkung zwischen den einzelnen Rechten und Pflichten des Patienten.

So ist die Ausübung des grundsätzlichen Selbstbestimmungsrechtes ohne eine **verantwortungsvolle Wahrnehmung der Mitwirkungspflicht** nicht denkbar. Ein Arzt will seinen Patienten heilen – der Patient will geheilt werden. Um diesen gemeinsamen Vertragszweck zu erreichen, hat jeder Vertragspartner alles in seinen Möglichkeiten Stehende zu tun.

Zu den einzelnen **Mitwirkungspflichten** gehören:

- Die Wahrheits- und Offenbarungspflicht bei Anamnese und Behandlung.
- Eine Duldungspflicht im Hinblick auf Untersuchungen und Behandlungsmaßnahmen.
- Eine Pflicht, ärztliche Anordnungen zu befolgen.
- Die Pflicht zur Einhaltung von Behandlungsterminen.

Wahrheits- und Offenbarungspflicht

Wie wichtig bereits die Anamnese – die Aufnahme der Krankengeschichte – für eine frühzeitige und richtige Diagnose und eine sich anschließende effektive Heilbehandlung ist, haben wir bereits erwähnt (Seite 127f.). Ein Arzt, dem Behandlungsunterlagen bezüglich früherer Erkrankungen nicht vorliegen, ist beim ersten Gespräch mit seinem Patienten auf dessen **wahrheitsgemäße und vollständige Schilderung** angewiesen. Vorerkrankungen, etwaige erbliche Belastungen, Krankheitssymptome, konkrete Beschwerden und ihre Intensität müssen möglichst präzise dargestellt und dürfen nicht etwa aus falscher Scham verschwiegen werden. Zu den Angaben, die ein Arzt unbedingt braucht, gehören auch Hinweise auf etwa bereits bekannte Unverträglichkeiten, Allergien, besondere Lebensgewohnheiten – wie etwa starkes Rauchen, der Umfang des Alkoholgenusses, regelmäßige und/oder lang andauernde Medikamenteneinnahme.

Duldungspflichten

Eine ärztliche Behandlung und Untersuchung ist in der Regel – wie jeder Patient weiß – mit zusätzlichen Schmerzen, Belastungen und auch Beeinträchtigungen verbunden. Sind diese Untersuchungen und Behandlungen jedoch im Interesse einer Heilung unvermeidbar, so wird der Patient sie **dulden** müssen. Verweigert ein Patient hartnäckig und unvernünftig trotz entsprechender ärztlicher Aufklärung die Duldung dieser ärztlichen Maßnahmen, so kann sich dies als **schuldhafte Vertragsverletzung** seitens des Patienten darstellen, mit der **Rechtsfolge,** daß dem Arzt ein Honoraranspruch trotz nicht erbrachter Leistung zusteht. »Hartnäckig« und »unvernünftig« bedeutet: Eine schuldhafte Vertragsverletzung ist selbstverständlich nicht anzunehmen, wenn ein Patient in Kenntnis der mit einer bestimmten ärztlichen Maßnahme verbundenen Risiken oder aus persönlichen Gründen in Wahrnehmung seines Selbstbestimmungsrechtes eine Behandlung ablehnt.

Dulden muß ein Patient, der einen Arzthaftungsprozeß anstrengt, auch die evtl. **Untersuchung durch den ärztlichen Sachverständigen.** Ein vernünftiger Patient wird sich auch hier nicht weigern: Duldet er eine entsprechende sachverständige Untersuchung zum Zwecke der Erstellung eines Gutachtens nicht, so schadet er letztendlich sich selbst, indem er den Prozeß wegen der Unmöglichkeit der Beweisführung verliert.

Unter sehr engen Voraussetzungen muß der Patient auch einen **weiteren operativen Eingriff** dulden, wenn durch diesen die Folgen eines vorangegangenen Behandlungsfehlers zu beseitigen oder wesentlich einzuschränken sind. Eine solche **Duldungspflicht** steht im Zusammenhang mit einer generellen vertraglichen **Schadensminderungspflicht.** Sie besteht jedoch nur dann, wenn dieser weitere operative Eingriff **zumutbar** ist, also **gefahrlos durchzuführen, nicht mit besonderen Schmerzen** und mit der **sicheren Aussicht auf Heilung oder wesentliche Besserung** verbunden.

Beispiel

Werden im Rahmen einer Bauchoperation versehentlich beide Eileiter durchtrennt und tritt dadurch bei bestehendem Kinderwunsch der Patientin Unfruchtbarkeit ein, so muß diese Patientin sich nicht im Rahmen ihrer Schadensminderungspflicht einer weiteren, risikobehafteten »Re-Fertilisationsoperation« mit nur beschränkten Erfolgsaussichten unterziehen.

Befolgung ärztlicher Anordnungen

Wesentlicher Bestandteil und damit auch Kernbereich der Mitwirkungspflichten des Patienten ist die **Befolgung ärztlicher Anordnungen.** Es gibt praktisch keine Therapie, in der eine aktive Mitarbeit des Patienten verzichtbar ist. Diese Mitarbeit kann bestehen in der

- Beachtung der ärztlichen Medikation
- Wahrnehmung von Kontroll- und Untersuchungsterminen
- Beachtung von Diätvorschriften
- Änderung von gesundheitsschädigenden Lebensgewohnheiten.

In der **zahnärztlichen Praxis** – insbesondere bei kieferorthopädischen und prothetischen Versorgungen – bestehen Mitwirkungspflichten in der **Einhaltung von Hygiene- und Reinigungsvorschriften** sowie in der Beachtung von technischen **»Gebrauchsanweisungen«.**

Diese im engeren Sinne **therapeutischen Mitwirkungspflichten** haben ihre Entsprechung in der **therapeutischen Aufklärungspflicht** des Arztes (dazu Seite 112ff.): Die Mitwirkungsfähigkeit und Bereitschaft des Patienten ist in hohem Maße abhängig von der Fähigkeit und Bereitschaft des Arztes, dem Patienten die Notwendigkeit und den Umfang seiner Mitwirkungspflichten deutlich zu machen.

Verletzung der Mitwirkungspflichten

Im Gegensatz zu einer Verletzung der dem Arzt obliegenden Pflichten führt eine **Verletzung** der **Mitwirkungspflicht** durch den Patienten jedoch **nicht** zu **Ansprüchen** des **Arztes** gegenüber dem unkooperativen Patienten. Dessen Mitwirkung ist weder einklagbar noch auf sonstige Weise erzwingbar. »Geschädigt« ist im Falle mangelnder Kooperation grundsätzlich der Patient selbst – rechtlich im Rahmen eines Behandlungsfehlerprozesses und tatsächlich durch Verhinderung oder Verzögerung einer möglichen Heilung.

Einhaltung des Behandlungstermines

Rechtliche **Konsequenzen** hat dagegen ein Verstoß gegen die Mitwirkungspflicht im Falle eines **Nichterscheinens zum Behandlungstermin:** Wurde eine verbindliche Terminabsprache getroffen und hatte der Arzt beim Ausbleiben des Patienten keine Möglichkeit, in der Ausfallzeit andere Patienten zu behandeln, so behält der Arzt seinen **Vergütungsanspruch** für den nicht wahrgenommenen Termin und hat außerdem unter Umständen auch einen **Entschädigungsanspruch. Voraussetzung** dafür ist allerdings, daß der Patient **schuldhaft** den Termin versäumt, also schlicht vergessen oder einfach ignoriert hat.

Ein Patient, der sich des besonderen Pflichtencharakters einer ärztlichen Behandlung bewußt ist und der die ihm eingeräumte starke Rechtsposition verantwortungsbewußt wahrnimmt, wird schon im eigenen Interesse darauf bedacht sein, im Rahmen seiner Möglichkeiten den gemeinsamen Vertragszweck »Heilung« zu fördern.

V. Der Patient im Krankenhaus

Ein neuer Vertragspartner

Sobald der Patient aus der Behandlung bei »seinem« Arzt hinaustritt und sich zur Behandlung oder Operation in ein Krankenhaus begibt, nach dort überwiesen oder eingeliefert wird, löst sich zunächst das unmittelbare Arzt-Patienten-Verhältnis auf; die Beziehungen zwischen Behandlerseite und Patientenseite anonymisieren sich. Statt des Arztes seiner Wahl und seines Vertrauens steht dem Patienten ein Ärztekollegium gegenüber – statt des ihm persönlich bekannten Arztes wird Vertragspartner der Krankenhausträger.

Rechtsnatur und Besonderheiten des Vertragsverhältnisses zwischen Patient und Krankenhaus

Mit dieser Feststellung ist bereits ein entscheidendes rechtliches Merkmal der Beziehungen zwischen dem Patienten und dem Krankenhaus angesprochen: Ebenso wie das Verhältnis zwischen Patient und niedergelassenem Arzt ist auch das Verhältnis zwischen Patient und Krankenhausträger ein **privatrechtlicher Dienstvertrag** – auch wenn die **Rechtsform** des Krankenhausträgers und die **Betriebsform** des Krankenhauses dem **öffentlichen Recht** zugeordnet ist, wie beispielsweise bei Universitätskliniken, bei städtischen Krankenhäusern oder bei Landeskliniken. Deshalb gelten die vertraglichen Grundsätze, die Rechte und Pflichten aus diesem vertraglichen Verhältnis, die jetzt bereits bekannt sind, auch im Verhältnis zwischen Patient und Krankenhausärzten sowie im Verhältnis zwischen Patient und Krankenhausträger.

Besonderheiten ergeben sich mit Rücksicht auf die – im Verhältnis zur Behandlung in ambulanter

Praxis – größere Komplexität der Organisationsstrukturen sowohl in verwaltungstechnischer wie personeller und natürlich auch medizinischer Hinsicht. Mit diesen Besonderheiten beschäftigen wir uns im Folgenden.

Krankenhaus – Begriffsbestimmung

Waren Krankenhäuser ursprünglich eher als **Ergänzung** zur ambulanten Versorgung gedacht, so haben sie sich im Zuge der Spezialisierung, Technisierung und ständigen Weiterentwicklung der diagnostischen und operativen Verfahren in der Medizin zu einem **eigenständigen Versorgungsbereich** mit Schwerpunktcharakter und hohem medizinischem Leistungspotential entwickelt.

Auch wenn dies auf den ersten Blick verzichtbar erscheinen mag: Zunächst soll der Begriff »Krankenhaus« näher erläutert werden. Diese Begriffsbestimmung ist – u.a. – wichtig für das Leistungsrecht der gesetzlichen Krankenkassen. Als **Krankenhäuser** gelten Einrichtungen, die

- der Krankenbehandlung durch Pflege, Versorgung mit Arznei-, Heil- und Hilfsmitteln, Unterkunft und Verpflegung, oder der Geburtshilfe dienen
- fachlich-medizinisch unter ständiger ärztlicher Leitung stehen
- über dem Versorgungsauftrag entsprechende diagnostische und therapeutische Möglichkeiten verfügen und nach wissenschaftlich anerkannten Methoden arbeiten sowie eine der Aufgabenstellung entsprechende apparative Mindestausstattung besitzen
- über jederzeit präsentes ärztliches, Pflege-, Funktions- und medizinisch-technisches Personal verfügen, das entsprechend qualifiziert ist
- die Voraussetzungen bieten, Patienten unterzubringen und zu verpflegen, wobei Krankenhaus-

behandlung – in zunehmendem Maße – auch teilstationär, z.B. in Form von Tages- und Nachtkliniken, erbracht werden kann.

Keine Krankenhäuser sind Kur- und Spezialkliniken als Vorsorge- oder Rehabilitationseinrichtungen, in denen nicht die ärztliche Leistung, sondern die Anwendung von Heilmitteln – z.B. Krankengymnastik, Bewegungstherapie, Sprachtherapie oder auch Arbeits- und Beschäftigungstherapie, aber auch Psychotherapie – im Vordergrund steht.

Durch die Eingrenzung des Begriffs »Krankenhaus« werden auch Kliniken ausgeschlossen, die **nicht nach schulmedizinischen Methoden** behandeln und deren Inanspruchnahme deshalb nicht zum Leistungsumfang der gesetzlichen Krankenkassen und nur bedingt zu dem der privaten Krankenversicherer gehört.

Eine wichtige organisatorische Unterscheidung ist die zwischen
- **Anstaltskrankenhäusern und**
- **Belegkrankenhäusern.**

Anstaltskrankenhaus

In **Anstaltskrankenhäusern** wird die ärztliche Behandlung durch **angestellte Krankenhausärzte** – in Universitätskliniken meist **beamtete Ärzte** – erbracht.

Belegkrankenhaus

In **Belegkrankenhäusern** obliegt die ärztliche Behandlung **niedergelassenen Ärzten,** die aufgrund eines besonderen **Belegarztvertrages** vom Krankenhausträger das Recht eingeräumt bekommen haben, ihre – oder auch ihnen überwiesene – Patienten in den Räumen und mit den Einrichtungen des Krankenhauses stationär oder auch teilstationär zu behandeln. Sie erhalten keine Vergütung vom Krankenhaus, sondern sind **selbstliquidierende Ärzte** mit Kassenzulassung. Belegärztlich organisierte Krankenhausabteilungen trifft man vornehmlich in den **Fachgebieten** Gynäkologie/Geburtshilfe, Orthopädie und Hals-Nasen-Ohren-Heilkunde an. Reine Belegkrankenhäuser sind inzwischen selten; in kleineren Krankenhäusern, insbesondere in ländlichen Gebieten werden häufiger einzelne Belegabteilungen neben den Hauptabteilungen geführt. Das heißt, ein Krankenhaus besetzt beispielsweise das Fachgebiet Chirurgie mit einem angestellten Chefarzt als Hauptabteilung, ebenso das Fachgebiet Anästhesie und Intensivmedizin und führt die Abteilung Gynäkologie/Geburtshilfe unter der Verantwortung eines Belegarztes. Diese Organisationsform wird von Krankenhausträgern meist aus organisatorischen Gründen und im Kosteninteresse gewählt. Gleichzeitig gibt das Belegarztmodell aber auch dem Patienten die Möglichkeit, die stationäre und operative Versorgung durch den Arzt seines Vertrauens, den er auch aus ambulanter Praxis bereits kennt, fortsetzen zu lassen.

1. Welche vertraglichen Beziehungen gibt es?

Mit diesen verschiedenen Organisationsformen erklären sich auch die unterschiedlichen **Vertragstypen** bei der Krankenhausaufnahme:

- der totale Krankenhausaufnahmevertrag
- der gespaltene Krankenhausaufnahmevertrag und
- der totale Krankenhausaufnahmevertrag mit Arztzusatzvertrag.

Die Vertragsbeziehungen beim totalen Krankenhausaufnahmevertrag

Vertragspartner und -inhalt

Vertragspartner des totalen Krankenhausaufnahmevertrages sind **Krankenhausträger** und **Patient** – unabhängig davon, ob Kassen- oder Privatpatient.

Dieser Vertragstypus ist der **Regelfall:** Der Krankenhausträger schuldet dem Patienten, der sich zur stationären Behandlung oder Operation in das Krankenhaus begibt, **sämtliche ärztlichen Leistungen** durch die von ihm angestellten (oder beamteten) Ärzte, die Unterbringung, die pflegerischen Leistungen und die gesamte Krankenhausversorgung. Die Kosten werden als sog. »großer Pflegesatz« beim Kassenpatienten der gesetzlichen Krankenkasse, beim Privatpatienten ihm selbst in Rechnung gestellt.

Wahlleistung

In diesen totalen Krankenhausaufnahmevertrag kann der Patient **Sonderwünsche** einbringen. Er kann als **Wahlleistung**
- die Chefarztbehandlung und/oder
- die Unterbringung in einem Ein- oder Zweibettzimmer vereinbaren.

Die **wahlärztliche Leistung** schuldet der Krankenhausträger beim totalen Krankenhausaufnahmevertrag als **eigene Krankenhausleistung;** ein selbständiger Behandlungsvertrag mit dem liquidationsberechtigten Krankenhausarzt ist nicht mehr erforderlich.

Beachte!

Wichtig für den Patienten ist allerdings eines. Vereinbart er im Rahmen des Krankenhausaufnahmevertrages ärztliche Wahlleistungen, so erstreckt sich diese Vereinbarung auf **alle an der**

Behandlung des Patienten beteiligten Ärzte des Krankenhauses, soweit diese selbst liquidationsberechtigt sind. Das heißt, nicht nur die Leistungen des als Wahlarzt in Anspruch genommenen Chefarztes der Chirurgie, sondern auch die des Chefarztes der Anästhesie, der die Narkose während der Operation überwacht, und die des Chefarztes der Labormedizin, der eingesandte Blut- und Gewebeproben untersucht, sind entsprechend den vereinbarten Wahlleistungen zu honorieren.

Wichtig ist aber auch ein Weiteres: Nach Inkrafttreten der Bundespflegesatzverordnung dürfen die wahlärztlichen Leistungen nicht mit Sonderwünschen des Patienten hinsichtlich der Unterbringung in Ein- oder Zweibettzimmern gekoppelt werden. Das heißt, Chefarztbehandlung ist möglich auch in Mehrbettzimmern – Einzelzimmerunterbringung beinhaltet nicht notwendig auch gleichzeitig Chefarztbehandlung.

Vertragspartner des Patienten beim totalen Krankenhausaufnahmevertrag ist **ausschließlich** der Krankenhausträger. Der leitende Krankenhausarzt – auch wenn er wahlärztliche Leistungen erbringt – tritt zu dem Patienten **nicht** in eigene vertragliche Beziehungen und erwirbt auch **keinen eigenen Honoraranspruch** gegen ihn.

Die **Kosten der Wahlleistungen** – sei es Chefarztbehandlung oder Unterbringung in Ein- oder Zweibettzimmern – trägt der Patient selbst, bei einem privaten Krankenversicherer werden sie im Rahmen einer etwa bestehenden Zusatzversicherung erstattet.

Die **gesetzliche Krankenkasse** zahlt aufgrund des bestehenden Versicherungsverhältnisses und nach Maßgabe der Bundespflegesatzverordnung die stationäre und teilstationäre Versorgung des

Krankenhauses in Form der »allgemeinen Krankenhausleistung« **ohne** »Wahlleistungen«.

Die Vertragsbeziehungen beim gespaltenen Krankenhausaufnahmevertrag

Vertragspartner

Bei diesem Vertragstyp tritt der Patient in eine **zweifache vertragliche Beziehung:**

- zum Krankenhausträger, der die Krankenhausversorgung, Pflege und Unterbringung schuldet und zum
- leitenden Krankenhausarzt, der die ärztlichen Leistungen zu erbringen hat.

Praxis

Einen gespaltenen Krankenhausaufnahmevertrag wird man vornehmlich finden in **Belegkrankenhäusern** oder in **Krankenhäusern mit belegärztlich organisierten Krankenhausabteilungen.**

In der Praxis ist die strenge Trennung zwischen den vertraglichen Verpflichtungen oftmals nicht einfach. Teilweise werden ärztliche Leistungen nicht vom Belegarzt, sondern von angestellten ärztlichen und auch nicht-ärztlichen Mitarbeitern des Krankenhausträgers erbracht.

Diese Überschneidung von Leistungsbereichen wird deutlich am Beispiel der Geburtshilfe: Hebammen sind meist Angestellte des Krankenhausträgers und leiten und überwachen die Geburt gemeinsam mit dem selbst liquidierenden Belegarzt.

Gleiches gilt beim operativen Behandeln: Der mit der Narkoseleitung betraute Anästhesist ist ebenfalls in der Regel Angestellter des Krankenhausträgers; ohne ihn könnte der Belegarzt jedoch gar nicht operieren.

Vertragsinhalt

Gemeinsame Verpflichtung von Krankenhausträger und Belegarzt ist die optimale und lückenlose Betreuung des stationär untergebrachten Patienten. Eine strikte Trennung der einzelnen Leistungsbereiche ist dabei aus organisatorischen Gründen ohne weiteres nicht möglich. Selbstverständlich wird man vom Belegarzt nicht die Erbringung von Küchen- und Pflegediensten erwarten, wohl aber vom Krankenhausträger die Sicherstellung der ärztlichen Versorgung in den Bereichen, in denen der Belegarzt selbst nicht tätig wird und nicht tätig werden kann.

Belegärztliche Leistungen

Konkret schuldet der Belegarzt nach der entsprechenden Vorschrift in der Bundespflegesatzverordnung:

- seine persönlichen Leistungen
- den ärztlichen Bereitschaftsdienst für seine Belegpatienten
- die von ihm selbst in Auftrag gegebenen Leistungen nachgeordneter Ärzte des Krankenhauses, die bei der Behandlung der Belegpatienten im selben Fachgebiet wie der Belegarzt tätig werden
- die von ihm veranlaßten Leistungen von Ärzten und ärztlich geleiteten Einrichtungen außerhalb des Krankenhauses (dazu gehören etwa labormedizinische Untersuchungen, Gewebeuntersuchungen, auch die Untersuchung durch einen Konsiliararzt einer anderen Fachrichtung).

Krankenhausleistungen

Das **Krankenhaus** hat folgende Leistungen sicherzustellen:

- ärztliche Leistungen von Ärzten anderer Fachrichtungen als die des Belegarztes (also z.B. des Anästhesisten)
- Leistungen des nichtärztlichen Krankenhausper-

sonals (Pflegedienste, hausinterne Laborleistungen, Krankengymnastik u.ä.)
- Unterbringung und Verpflegung.

Die Krankenhausleistungen werden mit dem sog. »**kleinen Pflegesatz**« berechnet; beim **Kassenpatienten** werden sie **erstattet** von der gesetzlichen Krankenkasse, der **Privatpatient trägt** diese **Kosten** – zuzügl. eventueller Sonderleistungen durch Einzelzimmerunterbringung – **selbst.**

Der Belegarzt rechnet seine Tätigkeit – einschließlich der Leistungen der von ihm beauftragten an der Behandlung beteiligten Ärzte **außerhalb** des Krankenhauses – beim Kassenpatienten mit dessen gesetzlicher Krankenversicherung ab; der Privatpatient erhält von dem Belegarzt ebenso wie von den seitens des Belegarztes beauftragten anderen Ärzten eine entsprechende Liquidation.

Die Vertragsbeziehungen beim totalen Krankenhausaufnahmevertrag mit Arztzusatzvertrag

Vertragspartner

Grundsätzlich gilt hier das gleiche wie bei den vertraglichen Beziehungen im totalen Krankenhausaufnahmevertrag.

Der Patient erhält beim totalen Krankenhausaufnahmevertrag mit Arztzusatzvertrag allerdings **zwei** Vertragspartner:
- den Krankenhausträger und
- den leitenden Chefarzt oder einen anderen zur Eigenliquidation berechtigten Arzt.

Arztzusatzvertrag

Der Arztzusatzvertrag bedeutet: Es entsteht bei den Vertragspartnern des Patienten eine **doppelte Verpflichtung** hinsichtlich der ärztlichen Leistung: Das Krankenhaus muß diese ärztliche Leistung **verschaffen** – der selbstliquidierende Chefarzt muß sie **erbringen.** Sowohl Krankenhausträger wie auch der Chefarzt können liquidieren; das Honorar für die ärztliche Leistung ist allerdings nur einmal zu zahlen, da diese Leistung auch nur einmal – durch den einen oder den anderen Vertragspartner – erbracht wird.

Die **Kosten des Krankenhauses** werden als allgemeine Krankenhausleistung über einen ermäßigten Pflegesatz abgerechnet; die **Kosten des Wahlarztes** liquidiert dieser nach der Gebührenordnung für Ärzte.

Beachte! Wegen der grundsätzlichen **doppelten Liquidationsberechtigung** sollte der Patient bei Abschluß des Krankenhausaufnahmevertrages auf eine Regelung bezüglich der **Abrechnungsmodalitäten** achten. Im Hinblick auf die durch die ärztlichen Wahlleistungen höheren Kosten wird sich für einen solchen Vertragstypus der privatversicherte oder privatzusatzversicherte Patient entscheiden. Die gesetzliche Krankenkasse trägt die höheren Wahlarztleistungen nicht.

2. Wie kommt der Krankenhausaufnahmevertrag zustande?

Das Entstehen von rechtlichen Beziehungen zwischen Patient und Krankenhausträger ist im wesentlichen vergleichbar mit dem Zustandekommen vertraglicher Beziehungen zwischen Arzt und Patient (dazu Seite 90 ff.).

Bemerkenswerte **Unterschiede** ergeben sich im Zusammenhang mit den Fragen,

- ob es eine Pflicht des Krankenhauses zur Übernahme eines Patienten in stationäre Behandlung gibt und

- ob der Krankenhausträger an die stationäre Aufnahme eines Patienten Bedingungen knüpfen darf.

Muß ein Krankenhaus jeden Patienten aufnehmen?

Krankenhäuser haben – anders als niedergelassene Ärzte – eine **Monopolstellung.** Deshalb besteht eine generelle **Aufnahme- und Behandlungspflicht.**

Voraussetzung

Voraussetzung ist, daß beim Patienten tatsächlich eine stationäre Behandlungsbedürftigkeit besteht. Diese wird grundsätzlich nachgewiesen durch ärztliche **Einweisung** oder durch den akuten Zustand des Patienten in **Notfällen.**

Für sozialversicherte Patienten ergibt sich eine **gesetzliche Aufnahmepflicht** auch aus dem sozialrechtlichen Beziehungsverhältnis zwischen Krankenkassen und Krankenhaus.

Diese allgemeine Aufnahme- und Behandlungspflicht besteht nur im Hinblick auf die **allgemeinen Krankenhausleistungen,** nicht im Hinblick auf etwa vom Patienten gewünschte **Wahlleistungen.**

Ausnahme

Eine **Ausnahme** von der grundsätzlichen Pflicht zur Krankenhausaufnahme besteht für den Fall, daß die aufnahmepflichtige Klinik besondere Umstände darlegt (und sie im Streitfall ggf. auch beweist), wonach sie den Patienten auch nach eingehender Prüfung aller Unterbringungsmöglichkeiten aufzunehmen nicht in der Lage war.

Auswirkungen der Budgetierung

Die Problematik, daß Krankenhäuser sich aus tatsächlichen und organisatorischen Gründe außerstande sehen, einen zur Behandlung eingewiesenen oder Aufnahme begehrenden Patienten auch aufzunehmen, wird sich künftig unter der **»Kostendeckung« des Gesundheitsstrukturgesetzes** verschärfen:

Krankenhäuser werden finanziert auf der Grundlage eines Budgets, das sich an den Quoten der im Jahresdurchschnitt behandelten Krankheitsfälle – sei es durch Operationen oder sonstige Behandlungsmaßnahmen – orientiert. So ermittelt ein Krankenhaus beispielsweise auf das Jahr bezogen die Anzahl der durchgeführten Gallen-, Blinddarm- und Mandeloperationen, die Anzahl bestimmter diagnostischer Eingriffe, die Anzahl von internistischen Patienten.

Entsprechend diesen Angaben wird die Krankenhausfinanzierung für das nächste folgende Jahr festgelegt.

Überschreitet nunmehr im laufenden Budgetjahr die Zahl der operationsbedürftigen Blinddarm-Erkrankungen die des Vorjahres, so besteht eine Kostendeckung für diese zusätzlichen Fälle nicht. Das Krankenhaus könnte eine Behandlung nicht mit dem Kostenträger abrechnen.

Vor dem Hintergrund dieser finanziellen Beschränkung der Kapazitäten der Krankenhäuser bestehen ernsthafte Befürchtungen, daß sich ein **»Patienten-Tourismus«** entwickelt: Ein Krankenhaus, das einen Blinddarm-Patienten aus Kostengründen nicht mehr aufzunehmen vermag, müßte diesen an ein Krankenhaus weiterverweisen, das seine »Blinddarm-Quote« noch nicht erreicht hat.

Ärzte ebenso wie Juristen betrachten deshalb die sich anbahnende Entwicklung unter dem Gesundheitsstrukturgesetz mit großer Sorge; die kritischen Stimmen mehren sich.

Das – im Vergleich zur Arzt-Patienten-Beziehung – anonymisierte Verhältnis zwischen Patient und Krankenhausträger zeigt sich schon bei Beginn der vertraglichen Beziehungen: Während der Behandlungsvertrag zwischen Arzt und Patient formlos allein durch die persönliche Kontaktaufnahme zustande kommt, werden dem Patienten bei Übernahme in ein Krankenhaus bereits meist umfangreiche Formulare zur Unterzeichnung vorgelegt. Was in diesen Formularen enthalten sein kann und was nicht enthalten sein darf, wird uns im Folgenden interessieren.

Kann der Krankenhausträger Bedingungen stellen?

Die **Formulare,** die dem Patienten – oder auch seinem Angehörigen – bei Übernahme in das Krankenhaus vorgelegt werden, enthalten **Regelungen über die Einzelheiten der vertraglichen Verpflichtungen,** über die Rechte und die Art der Behandlung.

Bedingungen in Formularverträgen

Diese Vordrucke – bei denen es sich auch um ein von der Deutschen Krankenhausgesellschaft entwickeltes Muster Allgemeiner Vertragsbedingungen (AVB) für Krankenhäuser handeln kann – sind sog. **Formularverträge,** die der Kontrolle durch das Gesetz über Allgemeine Geschäftsbedingungen unterliegen. Das **AGB-Gesetz** enthält besondere und verschärfte Kündigungs- und Anfechtungsmöglichkeiten, eine gesetzliche Regelung im Hinblick auf eine eventuelle Sittenwidrigkeit von formularmäßigen Vertragsbedingungen und stellt insgesamt eine **gesetzliche Inhaltskontrolle** dar.

Klauseln in den Krankenhausaufnahmeverträgen dürfen also nicht gegen das AGB-Gesetz verstoßen.

Wichtiges Kriterium ist die **Allgemeinverständlichkeit** der Regelungen im Aufnahmevertrag: Sie sind so abzufassen, daß sie ein Normalpatient auch unter Berücksichtigung des meist bei Einlieferung bestehenden nicht unerheblichen Leidens verstehen kann. Der Krankenhausträger hat darauf hinzuwirken, daß Mißverständnisse vermieden werden.

Unzulässige Formularbedingungen

Unzulässig sind beispielsweise folgende Formularbedingungen:

- Eine **Beschränkung** der **Haftung** des Krankenhausträgers für **Schäden,** die bei der Reinigung, Desinfektion und Entsorgung **vom Patienten mitgebrachter Sachen** entstehen, auf Vorsatz und grobe Fahrlässigkeit (Verstoß gegen § 9 Abs. 1 u. 2 Nr. 2 AGBG)
- Eine Belastung des Patienten mit der **Beweislast** dafür, daß er nicht in zumutbarer Weise vom **Inhalt** der **Allgemeinen Geschäftsbedingungen,** der Pflegekostentarife und der Entgelte und Berechnung etwa beantragter Wahlleistungen Kenntnis nehmen konnte (Verstöße gegen § 11 Nr. 15 b AGBG)
- Eine **vorformulierte Einwilligung** in die Behandlung, in der ein **Verzicht** auf das **Aufklärungsgespräch** enthalten ist (Verstoß gegen § 9 AGBG)
- Ein **Haftungsausschluß** für den Fall eines leicht fahrlässigen Behandlungsfehlers (Verstoß gegen § 9 AGBG)
- **Erhöht** sich der **Pflegesatz,** der bei Abschluß eines Krankenhausaufnahmevertrages gültig war, durch eine Veränderung der Pflegesatzverordnung

rückwirkend, so kann diese Erhöhung an den Patienten **nicht** weitergegeben werden.
Enthält ein Krankenhausaufnahmevertrag eine Klausel, die den Anschein erweckt, eine solche unzulässige rückwirkende Erhöhung des Pflegesatzes sei stets wirksam, so verstößt diese Klausel gegen das AGBG.
▶ Unzulässig ist auch ein Haftungsausschluß des Krankenhausträgers für **Schäden,** die **durch selbst liquidationsberechtigte Ärzte** und deren Beauftragte im Rahmen der persönlichen privaten Behandlung verursacht werden.

Zulässige Formularbedingungen

Zulässig sind allerdings haftungsmodifizierende Formularbedingungen:
▶ Der Krankenhausträger darf sich beim Vertragstypus **gespaltener Krankenhausaufnahmevertrag** von seiner Mithaftung für die eventuellen Fehler des selbstliquidierenden Chefarztes oder Belegarztes freizeichnen lassen. **Voraussetzung:** Der Patient wurde vor Unterzeichnung des Vertrages deutlich und unmißverständlich auf diese Vertragsbedingung und auf die Tragweite der Klausel hingewiesen!
▶ **Zulässig** ist auch eine sog. **Sektionsklausel,** die die Entscheidung über eine Obduktion in das Ermessen des Arztes stellt. Ist dieser der Auffassung, daß eine innere Leichenschau zur Feststellung der Todesursache notwendig ist oder meint er, daß ein wissenschaftliches Interesse bestehe, so kann er auch ohne vorherige Zustimmung des verstorbenen Patienten oder seiner Angehörigen obduzieren.

Will der Patient eine Obduktion in jedem Falle ausschließen, so muß er dieser zulässigen Sektionsklausel ausdrücklich bei Unterzeichnung des Aufnahmevertrages **widersprechen.**

3. Welche Besonderheiten kennzeichnen das Verhältnis zwischen Patient und Krankenhausträger?

Nicht anders als der niedergelassene Arzt ist der Krankenhausträger aus dem Krankenhausaufnahmevertrag heraus verpflichtet, alles zum Schutz und zur Wiederherstellung der Gesundheit des Patienten Geeignete zu tun und Schädliches zu unterlassen. Umgekehrt hat ein Patient, der sich in Krankenhausbehandlung begibt, die gleichen Erwartungshaltungen wie im Verhältnis zu seinem behandelnden Arzt.

Im Hinblick auf die **Gleichartigkeit des Vertragszweckes** und die **Gleichartigkeit der Interessenlage** gelten im Verhältnis zwischen Patient und Krankenhaus grundsätzlich die gleichen Rechte und Pflichten, die bereits für das Verhältnis Arzt und Patient erörtert wurden (siehe Seite 111 ff.).

Umgekehrt gelten für den Arzt gegenüber seinem Patienten bei vergleichbarer Sachlage auch die im Nachstehenden zu besprechenden besonderen Rechte und Pflichten des Krankenhausträgers.

Welche besonderen Rechte und Pflichten hat der Krankenhausträger?

Wie gerade besprochen, hat der Krankenhausträger – anders als der niedergelassene Arzt – das Recht, **Formularverträge** und **Allgemeine Geschäftsbedingungen** zu verwenden, solange diese der Inhaltskontrolle durch das AGB-Gesetz standhalten. Er hat darüber hinaus das Recht, eine **Hausordnung** festzusetzen, an die sich Patienten und Besucher des Krankenhauses zu halten haben.

Damit erschöpfen sich aber bereits die besonderen Rechte des Krankenhausträgers. Der Pflichtenkatalog ist hier – ebenso wie beim Arzt – ein weitaus größerer.

▶ **Organisationspflichten**

An erster Stelle dieses Pflichtenkataloges rangieren die **Organisationspflichten.** Sie gewinnen sowohl unter Vertrags- wie auch unter deliktsrechtlichen Gesichtspunkten immer mehr an Gewicht. Je größer ein Krankenhaus; je umfangreicher die gerätemedizinischen Einsatzmöglichkeiten; je mehr Ärzte an Diagnose und Therapie beteiligt sind, dazu Techniker und Hilfskräfte; je komplizierter und auch risikoreicher die apparativen und medikamentösen Mittel sind, die im Krankenhaus eingesetzt werden; je komplexer insgesamt das Geschehen im Krankenhausbetrieb ist, um so mehr Sorgfalt und vorausschauende Planung erfordert die **Koordination** und die **Kontrolle** der Abläufe im Klinikalltag.

Pflichten des Krankenhausträgers

Zu den **Organisationspflichten** des Krankenhausträgers gehört:

- eine sorgfältige **Auswahl** und **Überwachung** des ärztlichen und auch des nicht-ärztlichen **Personals**
- Bereitstellung der erforderlichen medizinischen Geräte und Sicherstellung von deren Funktionstüchtigkeit
- Einhaltung der Hygienevorschriften
- Schutz des Kranken vor Selbstschädigung.

Zu diesen Organisationspflichten im einzelnen:

Personalauswahl und -überwachung

Der Krankenhausträger ist verantwortlich dafür, daß sowohl im ärztlichen wie im nicht-ärztlichen

Bereich qualifizierte Mitarbeiter eingesetzt werden können. Diese Verantwortung beschränkt sich nicht nur auf die Auswahl des Personals, sondern auch auf die fortlaufende Überwachung durch **geeignete Kontrollverfahren.**

Probleme können im Rahmen dieser Verantwortung entstehen, wenn ein unerfahrener Assistenzarzt ohne ausreichende Beaufsichtigung eine Operation durchführt und ihm dabei ein Fehler unterläuft, ebenso wenn ein unerfahrener Arzt eine Behandlung vornimmt, die zu einer Schädigung des Patienten führt.

Um die Sicherheit des Patienten während der Behandlung zu gewährleisten, hat der Krankenhausträger **eindeutige Regeln** über Zuständigkeiten und Vertretungen festzusetzen. Diese Regeln müssen auch der Gefahr begegnen, daß etwa ein übermüdeter und in seiner Leistungs- und Konzentrationsfähigkeit eingeschränkter Arzt eine schwierige Operation durchführt. Selbst in Fällen einer personellen ärztlichen Unterversorgung – unter der Krankenhäuser tatsächlich meist leiden – kann ein solcher Fall zur Haftung des Krankenhausträgers unter dem Gesichtspunkt des Organisationsverschuldens führen.

In diese schwere Verantwortung teilt sich der Krankenhausträger mit dem leitenden Chefarzt: Diesem obliegt die **Fachaufsicht** über die ärztlichen Mitarbeiter. Er muß seine Assistenzärzte beobachten, sie gezielt überprüfen oder jedenfalls durch den Oberarzt überwachen und überprüfen lassen; er muß seine Mitarbeiter auch auf typische Fehler und Gefahren aufmerksam machen, ihnen Behandlungs- und Verhaltensanweisungen geben und auf ihre Fortbildung achten. Der Krankenhausträger wiederum muß durch eigene Kontrollen sicherstellen, daß der Chefarzt die ihm übertragenen Organisationsaufgaben ordnungsgemäß wahrnimmt.

Bereitstellung von medizinischen Geräten

Die für Diagnose, Therapie und Operation benötigten medizinischen Geräte hat der Krankenhausträger bereitzustellen. Dabei wird es sicherlich zu **unterschiedlichen Qualitätsanforderungen** kommen, je nachdem, ob es sich um ein kleines Kreiskrankenhaus oder um eine große Universitätsklinik handelt. Unterschiede ergeben sich auch zwischen Allgemeinkrankenhäusern und spezialisierten Kliniken. So wird nicht jedes kleine Krankenhaus einen Computertomographen oder gar ein Gerät zur Kernspintomographie zur Verfügung stellen können und müssen. In einer Klinik, die als perinatologisches Zentrum ausgewiesen ist, müssen jedoch – anders als etwa in einem Krankenhaus mit belegärztlich organisierter gynäkologisch/geburtshilflicher Abteilung – alle zur Intensivbetreuung von Risikokindern und Neugeborenen erforderlichen Geräte vorhanden sein. Unabhängig von Quantität und Qualität der im Krankenhaus vorhandenen medizinischen Geräte gilt jedoch: Deren sachgerechte Handhabung, Wartung und Funktionstüchtigkeit muß immer gewährleistet werden. Diese Pflicht ist auch gesetzlich in einer speziellen Verordnung über die Sicherheit medizinisch-technischer Geräte verankert.

Einhaltung von Hygienebestimmungen

Nach einer Untersuchung der Deutschen Krankenhausgesellschaft schätzt man, daß jährlich 500.000 bis 800.000 Krankenhausinfektionen zu beklagen sind.

Angesichts der Vielzahl von Keimen, die in einem Krankenhaus durch Patienten, Besucher und auch durch das Personal selbst »eingeschleppt«

werden, sowie angesichts der Tatsache, daß diese Keime in offene Operationswunden und Verletzungen eindringen können, ist diese Zahl – so erschreckend hoch sie erscheint – nachvollziehbar. Nachvollziehbar sind auch die zum Teil schwerwiegenden Folgen, die sich an solche Infektionen knüpfen können.

Es gibt Richtlinien des Bundesgesundheitsamtes für die Erkennung, Verhütung und Bekämpfung von Krankenhausinfektionen; es gibt auch Empfehlungen des Europarates, an die der Krankenhausträger in Wahrung seiner organisatorischen Verpflichtungen gebunden ist.

Schutz vor Selbstschädigung

Besondere Schutzmaßnahmen vor einer eventuellen Selbstschädigung oder gar Selbsttötung des Patienten sind insbesondere in psychiatrischen Krankenhäusern einzuhalten. Dabei geht die Haftung des Krankenhausträgers im Falle eines pflichtwidrigen Verhaltens sehr weit.

Verwahrungspflicht

Neben diesen sowohl für den Klinikbetrieb wie auch für den Patienten existentiell wichtigen Organisationspflichten trifft den Krankenhausträger eine besondere **Verwahrungspflicht** in bezug auf die vom Patienten mitgebrachten persönlichen Gegenstände. Diese Verwahrungspflicht ist eine **vertragliche Nebenpflicht** des Arztbehandlungs- wie auch des Krankenhausaufnahmevertrages.

Während der Arzt nur dann haftbar gemacht werden kann, wenn seinem Patienten in den Praxisräumen Gegenstände abhanden kommen, die er aus Anlaß des Arztbesuches unbedingt mit sich führen mußte (also Brillen, Prothesen, Kleidungsstücke), haftet der **Krankenhausträger** in **weit größerem Umfang:** Ihn trifft eine Sicherungs- und Verwahrungsverpflichtung auch bezüglich **Wert-**

gegenständen des Patienten wie Geldbörse, Ausweise, Schmuck, Radio- und Fernsehgeräte. Dieser Pflicht kommt der Krankenhausträger nur dann nach, wenn er dem Patienten ein Wertfach zur Verfügung stellt oder jedenfalls darauf achtet, daß eine ordnungsgemäße diebstahlsichere Verwahrung gewährleistet ist.

In den allgemeinen Vertrags- und Aufnahmebedingungen der Krankenhäuser ist meistens ein **Haftungsausschluß** bezüglich verlorengegangener Gegenstände vorgesehen. Ein **Ausschluß jeglicher Haftung** für eingebrachte Sachen – also auch eine Haftung für Vorsatz und grobe Fahrlässigkeit – ist **unzulässig. Zulässig** ist allerdings eine **Haftungsbeschränkung** auf Fälle leichter Fahrlässigkeit.

Welche besonderen Rechte und Pflichten hat der Krankenhauspatient?

Ob in der Praxis des niedergelassenen Arztes oder im Krankenhaus: Der Patient erwartet, daß ihm geholfen wird. Damit sich diese Erwartungshaltung realisiert, hat nicht nur der Arzt und der Krankenhausträger bestimmte Pflichten gegenüber dem Patienten zu erfüllen, die umgekehrt dem Patienten wiederum eine Rechtsposition verschaffen; auch der Patient muß sich an bestimmte Pflichten halten, um den Behandlungserfolg zu fördern.

Diese Rechte und Pflichten sind im Krankenhaus nicht anders als in der Arztpraxis.

Pflichten des Patienten

Spiegelbildlich zu den oben erörterten besonderen Rechten des Krankenhausträgers (siehe Seite 183ff.) hat der Krankenhauspatient lediglich **zwei besondere Verpflichtungen:**

- Er muß sich der **Hausordnung** des Krankenhauses entsprechend verhalten
- Er ist an die **Vertragsbedingungen** des Krankenhausaufnahmevertrages gebunden.

Rechte des Patienten

Aus dieser letzten besonderen Pflicht resultiert aber auch ein **besonderes Recht:**

Oben wurden bereits die verschiedenen Typen von Krankenhausaufnahmeverträgen erörtert. Wir haben festgestellt, daß bei einem totalen Krankenhausaufnahmevertrag mit gesondert vereinbarten Wahlleistungen ein **Koppelungsverbot** bezüglich einer wahlärztlichen Behandlung und der Unterbringung in einem Ein- oder Zweibettzimmer besteht. Unterzeichnet nun ein Patient einen Antrag auf Gewährung solcher ärztlichen Wahlleistungen, hat er aber nur den Wunsch nach einem Einzelzimmer geäußert und wurde mit ihm auch nur über die Mehrkosten dieser besonderen Unterbringungsform gesprochen, so kann er seine Erklärung bezüglich der privatärztlichen Behandlung **wegen Irrtums anfechten.**

Ein **Anfechtungsrecht** des Patienten besteht auch immer dann, wenn ihm bei Krankenhausaufnahme die wirtschaftliche Bedeutung der angebotenen Wahlleistungen nicht unmißverständlich dargestellt wurde, der Patient also nicht erkannt hat, daß er die Kosten der von ihm gewünschten Wahlleistungen – mangels entsprechender Versicherung – ggf. selbst zu tragen hat.

Wichtig in diesem Zusammenhang ist für den Patienten auch folgende Information:

Wünscht ein Patient ausdrücklich die Operation durch den Chefarzt selbst und stellt dementsprechend einen Antrag auf Gewährung von Wahlleistungen, würde der Chefarzt aber – ob mit oder ohne Wahlleistungsvereinbarung, ob Kassenpatient oder Privatpatient – ohnehin selbst operieren, so stellt das Verschweigen dieser Tatsache einen **Verstoß gegen eine vorvertragliche Aufklärungspflicht** dar und gibt dem Patienten das Recht, die Zahlung an den aufgrund der Wahlleistungsvereinbarung selbst liquidierenden Arzt zu verweigern.

4. Vertragspartner und Haftungsschuldner – Wer trägt die Verantwortung im Krankenhaus?

Eine Haftung besteht grundsätzlich immer dann, wenn **aufgrund** einer **Pflichtwidrigkeit** ein **Schaden** entsteht.

Diese Haftung kann eine **vertragliche,** sie kann aber auch eine **deliktische** nach den rechtlichen Vorschriften des BGB zur unerlaubten Handlung sein.

Ein Vertragspartner haftet dem anderen für jeden Fall des Verstoßes gegen vertragliche oder auch vor- und nachvertragliche Haupt- und Nebenpflichten. Eine deliktische Haftung besteht – unabhängig von einer Vertragsbeziehung – immer dann, wenn durch vorsätzliches oder fahrlässiges Handeln Leib, Leben, Gesundheit oder Eigentum eines anderen verletzt oder geschädigt und dadurch ein Schaden verursacht wird.

Ob und wann der Krankenhausträger unter diesen Voraussetzungen für einen dem Patienten eventuell entstandenen Schaden haftet, damit beschäftigen wir uns im Folgenden. Diese Haftungsfrage entscheidet sich wiederum an den drei verschiedenen Typen des Krankenhausaufnahmevertrages.

Wer haftet bei dem totalen Krankenhausaufnahmevertrag?

Vertragliche Haftung

Unproblematisch ist die haftungsrechtliche Verantwortung im Falle des totalen Krankenhausaufnahmevertrages: Vertragspartner ist **ausschließlich der Krankenhausträger;** also haftet er auch wegen Verletzung der vertraglichen Pflichten für jede Sorgfaltswidrigkeit, für jedes Versäumnis, für jeden Fehler, der zu einem Schaden beim Patienten führt – unabhängig davon, ob »schuld« an der Entstehung des Schadens ein Arzt, nicht-ärztliches Hilfspersonal, Pflegepersonal oder auch ein Geräteversagen ist.

Deliktische Haftung

Zu dieser vertraglichen Haftung tritt auch die deliktische Haftung: Für jede »unerlaubte Handlung« im Verantwortungsbereich des Krankenhausträgers hat dieser einzustehen. Der **eigentliche »Schädiger«** haftet – neben dem Krankenhausträger – ebenfalls nach den rechtlichen Vorschriften zur »unerlaubten Handlung«. Im Falle eines Behandlungsfehlers haftet demzufolge auch der Arzt, der beim totalen Krankenhausaufnahmevertrag nicht Vertragspartner des Patienten geworden ist.

Wer haftet bei dem totalen Krankenhausaufnahmevertrag mit Arztzusatzvertrag?

Wir haben bereits festgestellt: Bei diesem Vertragstypus hat der Patient **zwei Vertragspartner,** also auch **zwei aus dem Vertrag haftende Schuldner.** Der Krankenhausträger haftet aber auch, wenn dem Wahlarzt ein Behandlungsfehler unterläuft, nach den deliktsrechtlichen Vorschriften.

Auch dieser Typ des totalen Krankenhausaufnahmevertrages mit Arztzusatzvertrag ist im Hinblick auf die Verteilung der haftungsrechtlichen Verantwortung unproblematisch.

Wer haftet bei dem gespaltenen Krankenhausaufnahmevertrag?

Haftungsrechtliche Abgrenzungsprobleme aufgrund von Pflichtenüberschneidung

Bei diesem Vertragstypus liegen die eigentlichen **Probleme** der haftungsrechtlichen Verantwortung.

Wir haben bereits festgestellt, daß auch beim gespaltenen Krankenhausvertrag der Patient zwei Vertragspartner hat: den Krankenhausträger bezüglich der allgemeinen Krankenhausleistungen und den Belegarzt hinsichtlich der ärztlichen Behandlung. Wir haben aber auch gesehen: Die Leistungsbereiche dieser beiden Vertragspartner sind in der Praxis so klar und streng nicht zu trennen. In den Überschneidungsbereichen zwischen den Leistungspflichten des Krankenhausträgers und des Belegarztes entstehen **schwierige rechtliche Haftungsprobleme.**

Unproblematisch ist nur eines: Der Krankenhausträger haftet nicht – weder vertraglich noch deliktisch – für Fehler, die dem Belegarzt selbst in Ausübung seiner Tätigkeit unterlaufen sind. In allen anderen Bereichen der Behandlung des Patienten im belegärztlich organisierten Krankenhaus stellt die **tatsächliche Überschneidung der Leistungspflichten** zwischen Belegarzt und Krankenhausträger sowohl die Rechtsprechung wie auch die Rechtswissenschaft vor die nach wie vor nicht eindeutig und unumstritten beantwortete Frage, ob im konkreten Fall der Belegarzt alleine, der Krankenhausträger alleine oder aber beide gemeinsam für dem Patienten entstandene Schäden eintreten müssen.

Beispiel 1

Um dieses schwierige rechtliche Problem zu verdeutlichen, hier zwei praktische Beispiele:

Geburtshilfe wird grundsätzlich – nicht nur in belegärztlich organisierten Krankenhäusern – nicht vom Arzt alleine, sondern in Kooperation und mit Unterstützung einer Hebamme geleistet.

Die Hebamme ist in der Regel Angestellte des Krankenhausträgers, der auch für eine sorgfältige Auswahl und Überwachung seines Personals die Verantwortung trägt. Da die Hebamme jedoch eng mit dem gynäkologisch tätigen Belegarzt zusammenarbeiten muß, hat dieser ebenfalls die Verpflichtung, die Leistung und Zuverlässigkeit der in seinem Gebiet eingesetzten Hebamme im Interesse seiner Patienten sicherzustellen. Unterläuft nun einer Hebamme – in Abwesenheit des Belegarztes – ein schwerwiegender Fehler, der zu einer Schädigung der Gebärenden oder des ungeborenen Kindes führt, so überschneiden sich deutlich die Pflichten- und Verantwortungsbereiche des Krankenhausträgers und des Belegarztes.

Ob in einem solchen Fall der Krankenhausträger alleine, der Belegarzt alleine oder aber beide gemeinsam für entstandene Schäden haften, ist eine bis jetzt noch nicht entschiedene Rechtsfrage.

Beispiel 2

Eine Arbeitseinheit bildet der operativ tätige Belegarzt auch mit der ihm assistierenden OP-Schwester, die aber nicht seine, sondern die Angestellte des Krankenhausträgers ist. Allerdings muß der operierende Arzt – auch wenn er nicht selbst Arbeitgeber und damit weisungsbefugt ist – eine unmittelbare Anweisungs- und Kontrollbefugnis haben, die haftungsrechtlich auch eine Zuständigkeit begründet.

Ob ein dieser OP-Schwester unterlaufener Fehler dem Verantwortungsbereich von Arzt oder

Krankenhaus oder beiden zugeordnet wird, ist ebenfalls noch nicht entschieden.

Fehlen einheitlicher Abgrenzungskriterien

Es ist bislang weder der Rechtsprechung noch der Literatur gelungen, einheitliche und auch in der Praxis verwendbare Kriterien für die Haftungsabgrenzung in dem **Dreiecksverhältnis Belegarzt-Patient-Krankenhausträger** festzulegen. Nicht nur für den Patienten, sondern auch im Verhältnis zwischen den Vertragspartnern Belegarzt und Krankenhausträger herrscht nach wie vor eine im Einzelfall schwer erträgliche Rechts-Unsicherheit.

Vor diesem Hintergrund hat der wettbewerbsrechtliche Senat des Bundesgerichtshofes sogar eine Pflicht des Trägers eines Belegkrankenhauses dahingehend gesehen, daß Patienten bei der Krankenhausaufnahme auf diese haftungsrechtlichen Unsicherheiten und möglichen Nachteile hingewiesen werden. In die Rechtsprechung des Arzthaftungssenates ist diese Auffassung jedoch nicht eingegangen.

Für den Patienten, der durch ärztliche Behandlung – sei es in der Praxis des Arztes oder im Krankenhaus – einen Schaden erlitten hat, ist nicht nur die Frage wichtig, **wer** haftet, sondern auch **unter welchen Voraussetzungen** und **in welcher Form** eine Haftung für entstandene Schäden möglich ist.

Wir kommen damit zu dem konfliktträchtigen Teil der Arzt-Patienten-Beziehung: zur Arzthaftung.

VI. Die Arzthaftung

Wenn sich die Frage nach der Haftung stellt, ist das ausgeblieben, was Arzt und Patient gemeinsam angestrebt haben, nämlich die Heilung, und es ist das eingetreten, was keiner wünscht: ein Schaden.

Wachsende Zahl von Arzthaftungsprozessen und ihre Gründe

Die Welle der Arzthaftungsprozesse – aus den Vereinigten Staaten Anfang der 70er Jahre auch in der Bundesrepublik angelaufen – ist nach wie vor ungebrochen. Auseinandersetzungen über Behandlungsfehler und deren Folgen haben weiterhin Hochkonjunktur. Das dokumentiert die Zahl der Anträge auf Überprüfung ärztlicher Behandlungen, die bei den Gutachterkommissionen und Schlichtungsstellen der Ärztekammern der Bundesländer eingehen, ebenso wie der immer größer werdende Anteil der Arzthaftungsklagen am Prozeßaufkommen der deutschen Gerichte. Nach den USA ist die Bundesrepublik »Marktführer« in diesem Bereich.

Dies liegt sicher nicht daran, daß Ärzten früher und in anderen Ländern weniger Fehler unterlaufen. Die Gründe sind vielmehr darin zu suchen, daß Westdeutschland und die USA den **weltweit höchsten Standard** in der medizinischen Versorgung bieten; daß die enormen **Fortschritte der Medizin und Medizintechnik** immer mehr und immer effizientere Behandlungsmöglichkeiten eröffnet haben, die aber auch **mit höheren Risiken** verbunden sind. Ein weiterer Grund liegt in der mit diesem Fortschritt verbundenen **Erwartungshaltung** der Patienten: Der Glaube an die scheinbar unbegrenzten Möglichkeiten der Medizin geht so weit, daß der Erfolg ärztlicher Bemühungen schon als selbstverständlich vorausgesetzt wird und immer weniger die Bereitschaft besteht, das Ausbleiben eines therapeutischen Erfolges als **schicksalhaften Krankheitsverlauf** hinzunehmen.

Diese Erwartungshaltung wird auch durch eine teilweise unverantwortliche Informationspolitik der Medien gefördert: Gesundheit wird in Berichten über spektakuläre Heilungsmethoden – die meisten davon nicht einmal schulmedizinisch anerkannte Außenseitermethoden, die an Scharlatanerie grenzen – fast schon als »käufliches Gut präsentiert«, Auseinandersetzungen über behauptete oder nachgewiesene ärztliche Fehler werden in Form von Sensationsberichten aufgemacht.

Andererseits sind Patienten jedoch durch Verbraucherverbände, Patientenschutzorganisationen und durch sachliche, allgemein verständliche Fachsendungen und -publikationen besser informiert und »aufgeklärt«. Tatsache ist auch, daß im Rahmen einer ärztlichen Behandlung Fehler unterlaufen. Die Schäden, die dadurch verursacht werden, sind oftmals gravierend und verursachen großes menschliches Leid.

Dieses Leid – zumindest finanziell – zu kompensieren ist Ziel und Zweck der Arzthaftung. Weil es in einer solchen Auseinandersetzung jedoch um Menschenleben und Lebensqualität geht und mit jedem Fehlervorwurf ein **persönlicher Schuldvorwurf** gegenüber dem Arzt verbunden ist, wird sie in der Regel nicht »sine ira et studio«, sondern von beiden Seiten emotionsbefrachtet und spannungsgeladen geführt. Gerade weil es aber in einer Arzthaftungsauseinandersetzung um existentielle Probleme geht, müßten beide Parteien an einer Versachlichung interessiert sein.

Sowohl die voranstehenden wie auch die nachfolgenden Informationen sollen einen Beitrag zu einer solchen Versachlichung leisten.

1. Wann haften Arzt und Krankenhausträger?

Vertragliche und deliktische Haftung

Grundsätzlich gilt: Jeder Verstoß gegen ärztliche Pflichten kann zu einer Haftung führen. Diese Haftung ist ebenso eine **vertragliche** wie eine **deliktische.** Den Pflichtenkatalog, der die ärztliche Tätigkeit in niedergelassener Praxis ebenso wie im Krankenhaus bestimmt, kennen Sie. Diese Pflichten, ihr Umfang und ihre Grenzen im einzelnen wurden im Laufe der Jahrzehnte durch eine umfangreiche Rechtsprechung zu Arzthaftungsproblemen entwickelt. Deshalb gilt das Medizinrecht als reines »**Fallrecht**« (Kasuistik).

Haftungsgründe

In Verbindung mit diesen Pflichten hat die Rechtsprechung bestimmte **Haftungsgründe** etabliert. Diese Haftungsgründe sind die folgenden:

- Die Haftung wegen eines Aufklärungsfehlers
- Die Haftung wegen eines Behandlungsfehlers
- Die Haftung wegen eines Übernahmeverschuldens
- Die Haftung wegen Organisationsverschuldens.

Zweck von Recht und Rechtsprechung

Recht und Rechtsprechung dienen der Konfliktlösung; Ziel ist eine sachgerechte **Interessenausgleichung.** Diesem Zweck entsprechen auch zivilprozessuale Regeln, die sich im Arzthaftungsprozeß insbesondere im Zusammenhang mit der **Beweislastverteilung** auswirken.

Die Beweisregeln im Medizinschadensprozeß sind die Besonderheiten, die ihn von einem sonstigen Zivilprozeß unterscheiden und ihn zu einem

Prozeß »eigener Art«, einem Prozeß **»sui generis«** machen.

Ein Aufklärungsfehler – Was ist das?

Wie oben im Abschnitt über die Aufklärungspflichten des Arztes (Seite 112ff.) dargestellt, hat ein Verstoß gegen die Aufklärungspflicht eine wichtige haftungsrechtliche Bedeutung. Nur der aufgeklärte Patient kann rechtswirksam in eine ärztliche Behandlung, in einen ärztlichen Eingriff einwilligen; fehlt eine solche rechtswirksame Einwilligung, so ist der ärztliche Heileingriff eine strafbare Körperverletzung.

Die von der Rechtsprechung festgelegten Anforderungen an eine ordnungsgemäße Aufklärung sind umfangreich. Der dahinter stehende Rechtsgedanke ist, die durch die Verfassung geschützten Rechte des Patienten zu wahren und seine Rechtsposition als **Subjekt der Behandlung** zu stärken.

Bedeutung der Aufklärungspflichtverletzung

Bedeutung hat die Aufklärungspflichtverletzung als Haftungsgrund Ende der 60er, Anfang der 70er Jahre gewonnen. Dies insbesondere im Hinblick auf die **beweisrechtlichen Folgen** der Aufklärungsrüge: Grundsätzlich muß ein Kläger – also der Patient – die **haftungsbegründenden Sachverhalte** beweisen. Anders bei der Aufklärungsrüge: Behauptet ein Patient, er sei nicht oder nicht ordnungsgemäß aufgeklärt worden über die mit dem ärztlichen Eingriff verbundenen Risiken und Folgen, so muß nicht er das Fehlen oder den Fehler der Aufklärung, sondern der Arzt das Gegenteil beweisen. Diesen Beweis kann ein Arzt nur führen durch eine ordnungsgemäße **Dokumentation,** ggf.

auch in Verbindung mit **Zeugenbeweis.** Im Gegenzug muß der Patient allerdings **nachvollziehbar darlegen,** daß er sich im Falle einer ordnungsgemäßen Aufklärung in Kenntnis der mit dem Eingriff verbundenen Risiken der Behandlung **nicht** unterzogen hätte.

Wir werden noch im folgenden Abschnitt sehen, daß ein Behandlungsfehler von dem Patienten zu beweisen ist – ein Beweis, der oftmals nicht oder nur unter erschwerten Bedingungen geführt werden kann. Mit Rücksicht auf die mit der Aufklärungsrüge verbundenen **Beweiserleichterungen** hat sich die Behauptung einer solchen ärztlichen Pflichtverletzung zu einem **Auffangtatbestand** entwickelt: Ein Patient, dem der Beweis für den Behandlungsfehler nicht gelingt, stützt dann seinen Klageanspruch auf eine Verletzung der ärztlichen Aufklärungspflichten.

Die anfangs sehr strengen Anforderungen seitens der Rechtsprechung an die Beweisführung des Arztes für die von ihm vorgenommene Aufklärung haben sich angesichts dieser Entwicklung insbesondere in den letzten Jahren deutlich gelockert. Es ist davon auszugehen, daß die Rüge der Verletzung von Aufklärungspflichten in nächster Zukunft ihre Bedeutung als prozeßentscheidender Haftungsgrund verlieren wird.

Diese Beweislastverteilung zugunsten des klagenden Patienten gilt lediglich in Verbindung mit der Verletzung der Selbstbestimmungsaufklärung in Form der **Risikoaufklärung.** Die Verletzung der **Aufklärungspflichten über Diagnose, Therapie, Verlauf** sowie der **Sicherungsaufklärung** wird (vgl. schon oben Seite 112ff.) rechtlich als **Behandlungsfehler** betrachtet mit den daraus resultierenden beweisrechtlichen Folgen.

Ein Behandlungsfehler – Was ist das?

Verstoß gegen die Regeln der ärztlichen Heilkunst

Ein Behandlungsfehler – dieser Begriff hat den früher üblichen Begriff »Kunstfehler« abgelöst – ist jeder **Verstoß gegen die Regeln der ärztlichen Heilkunst** und den im jeweiligen medizinischen Fachgebiet geltenden Standard. Ein Arzt schuldet seinem Patienten eine Behandlung, die sich an diesen Regeln orientiert, unter **Anwendung der »gebotenen Sorgfalt«.** Das Maß dieser gebotenen Sorgfalt steigt mit dem Grad der Gefährlichkeit eines Eingriffes oder der Risikoträchtigkeit einer Behandlung.

Als »Behandlungsfehler« gilt nicht nur aktives Tun, sondern auch Unterlassung einer nach der ärztlichen Heilkunst gebotenen Maßnahme, sei sie therapeutischer oder diagnostischer Art.

Haftung des Arztes

Zur **Haftung** des Arztes führt ein Behandlungsfehler nur dann, wenn auf seiten des Patienten durch diesen Behandlungsfehler ein **Schaden** entstanden ist, also ein finanzieller, ein physischer oder ein psychischer Nachteil. Den **Beweis** dafür, daß der Arzt durch Tun oder Unterlassen fehlerhaft gehandelt hat und daß dieser Fehler auch **die Ursache** ist für den eingetretenen Schaden, hat der Patient zu führen. Er muß also nicht nur den **Fehlernachweis,** sondern auch den **Kausalitätsnachweis** erbringen.

Beweismittel

Beweismittel ist praktisch ausschließlich sowohl in der außergerichtlichen wie auch in der prozessualen Auseinandersetzung das **medizinische Sachverständigengutachten.**

Mit Rücksicht auf diese überragende prozeßentscheidende Bedeutung des medizinischen Sachverständigengutachtens wird ein Medizinschadensprozeß – zu Recht – als **»Sachverständigenprozeß«** und der Gutachter selbst – prozeßrechtlich unzutreffend, faktisch aber nicht ganz falsch – als **»Richter in Weiß«** bezeichnet.

Wichtig ist in diesem Zusammenhang ein Hinweis: Die immer noch und immer wieder verbreitete These **»Eine Krähe hackt der anderen kein Auge aus«** ist – mag sie auch zu früherer Zeit eine gewisse Berechtigung gehabt haben – längst nicht mehr zutreffend. Auch auf seiten der Mediziner – insbesondere bedeutender Wissenschaftler, die vornehmlich zur Begutachtung herangezogen werden – besteht das deutliche Bestreben, Fehler von Berufskollegen auch als solche zu kennzeichnen.

Beweislastumkehr bei schweren Behandlungsfehlern

Ausnahme von der Regel, wonach der Patient den Behandlungsfehler zu beweisen hat, ist das Vorliegen eines groben oder besser: **schweren Behandlungsfehlers.** Ob ein Behandlungsfehler die Bezeichnung »schwer« verdient, ist jedoch im Gegensatz zur Fehlerfeststellung nicht eine Wertung, die dem medizinischen Sachverständigen obliegt, sondern die ausschließlich das Gericht auf der Basis des medizinischen Gutachtens treffen kann. Steht ein solcher schwerer Behandlungsfehler fest, so wird der Patient von der Beweislast bezüglich der Ursächlichkeit des Fehlers für den Schaden frei: Unter **Umkehr der Beweislast** muß dann der Arzt beweisen, daß der Schaden auch eingetreten wäre, wenn er ordnungsgemäß behandelt hätte.

Schwere Behandlungsfehler

Einen schweren Behandlungsfehler unterstellt die Rechtsprechung immer dann, wenn es der Arzt unterlassen hat, einen Befund durch gebotene diagnostische Maßnahmen abzuklären. **Grob behandlungsfehlerhaft** handelt auch der Arzt,

- der auf eindeutige Befunde nicht reagiert;
- der ohne jeden Grund eine bekannte Standardmethode zur Bekämpfung eines bekannten Risikos nicht anwendet;
- der es zuläßt, daß in der Praxis oder im Krankenhaus durch Fehlorganisation die Behandlung in nicht qualifizierte Hände gerät;
- der die therapeutische Wirkung einer Behandlungsmaßnahme auf den Krankheitszustand ohne Kontrolle läßt.

Beweiserleichterungen

Weitere **Beweiserleichterungen** – bis hin zur **Beweislastumkehr** – können sich für den Patienten dann ergeben, wenn der Zusammenhang zwischen einem festgestellten Behandlungsfehler und dem eingetretenen Schaden sozusagen »auf der Hand liegt« oder aber das Schadensbild selbst nach der allgemeinen Lebenserfahrung oder nach den Erfahrungssätzen der medizinischen Wissenschaft unmittelbar auf einen vorangegangenen Behandlungsfehler als Ursache hinweist. Dies ist ein **»Beweis des ersten Anscheins«.**

Ein Übernahmeverschulden – Was ist das?

Auch ein Übernahmeverschulden wird **rechtlich als Behandlungsfehler** gewertet mit den entsprechenden beweisrechtlichen Konsequenzen.

Grundsätzlich hat ein **Arzt vor** jeder **Behandlung** und/oder **Operation** zu **prüfen** und **sicherzustellen,**

- daß er selbst die notwendigen praktischen und theoretischen Fähigkeiten und Kenntnisse besitzt
- daß er die personellen, apparativen und auch räumlichen Voraussetzungen für die Durchführung der Behandlung gewährleisten kann.

Fälle

Sind diese persönlichen und organisatorischen Voraussetzungen nicht gegeben und kommt der Patient aufgrund des Fehlens dieser Voraussetzungen – das der Patient beweisen muß – zu einem Schaden, so haftet der Arzt oder auch das Krankenhaus wegen eines Behandlungsfehlers.

Typische Fälle des Übernahmeverschuldens sind etwa

- Operationen durch einen Berufsanfänger
- mangelnde, dem notwendigen Standard nicht entsprechende apparative und personelle Ausstattung einer Klinik
- unzureichende Qualifikation oder fehlende Spezialkenntnis eines Arztes im Hinblick auf den von ihm vorgenommenen Eingriff.

Bedeutung des Übernahmeverschuldens in der Praxis

Relevant wird der Vorwurf des Übernahmeverschuldens mit hoher Sicherheit für die Rechtsprechung in den nächsten Jahren im Zusammenhang mit den neuen Methoden der **minimal-invasiven Diagnostik und Chirurgie** in Form von **endoskopischen Eingriffen.** Diese Methoden erfordern ein hohes Maß an Spezialwissen und insbesondere praktischer Erfahrung, die ohne weiteres nicht bei jedem Arzt und jedem Krankenhaus vorauszusetzen sind.

Ein Organisationsverschulden – Was ist das?

Auch ein Organisationsverschulden ist **haftungsrechtlich ein Behandlungsfehler.** Grundsatz deshalb auch hier: Die Beweislast trägt der Patient.

Der Vorwurf des Organisationsverschuldens entsteht in der Regel im Zusammenhang mit einer Krankenhausbehandlung. Die Pflichten, die zur

Sicherung einer ordnungsgemäßen Organisation zu beachten sind, wurden oben (siehe Seite 100 f.) einschließlich der Haftungsverteilung bereits dargestellt. Man sieht: Eine Pflichtverletzung bei der Organisation kann **gleichzeitig** auch zu einem **Übernahmeverschulden** führen.

Die Rechtsprechung stellt **immer höhere Anforderungen** an die Beachtung der Organisationspflichten. Dies mit Rücksicht auf die Tatsache, daß in immer größeren und unübersichtlichen Klinikbetrieben mit arbeitsteiliger Medizin und weitgehenden Delegationsmöglichkeiten und -erfordernissen die Qualität der Behandlung gefährdet sein kann und Nachlässigkeiten und Versäumnisse im organisatorischen Bereich zu unübersehbaren schweren Folgen für den Patienten führen können.

Fälle

Organisatorische Fehler wirken sich häufig aus im **personellen Bereich:** Etwa wenn

- ein qualifizierter Arzt nicht oder nicht rechtzeitig zur Verfügung steht
- wenn aufgrund unzulänglicher Kommunikation und Koordination die richtige Behandlung nicht rechtzeitig einzuleiten ist
- wenn aufgrund fehlender Kontrollen der zu fordernde ärztliche Standard nicht gewährleistet wird.

Organisatorische Defizite können zu haftungsrechtlichen Problemen nicht nur in großen unübersichtlichen Klinikbetrieben führen, sondern auch in kleinen Krankenhäusern, insbesondere Krankenhäusern mit Belegarztsystem: Kontrolle, Koordination und Kommunikation genügen hier – wie die Erfahrung zeigt – häufig nicht dem zu fordernden qualitativen Standard einer Krankenhausbehandlung.

Beweislast

An der ihm obliegenden Beweislast trägt der Patient in allen diesen Fällen zum Teil schwer. Die **Beweiserleichterungen** bis hin zur Umkehr der Beweislast sind bereits eine Reaktion der Rechtsprechung auf die schwierigen tatsächlichen und damit auch beweisrechtlichen Probleme im Arzthaftungsprozeß. Hinzu kommt, daß außer dem beklagten Arzt und dem medizinischen Sachverständigen sämtliche am Prozeß Beteiligten medizinische Laien sind. Dieses typische **Informationsgefälle** hat den BGH veranlaßt, eine dem Arzthaftungsprozeß vorbehaltene Verfahrens-Maxime aufzustellen: die **»Waffengleichheit«.**

Das Gebot der »Waffengleichheit« – Welche »Schützenhilfe« erhält der Patient?

Die **Sicherung eines »fairen Verfahrens«** ist ein verfassungsrechtliches Prinzip. »Fair« kann ein Arzthaftungsprozeß im Hinblick auf das Informationsgefälle zwischen Kläger und Beklagtem jedoch nur dann sein, wenn die üblichen **strengen Prozeßregeln** den Besonderheiten der Arzthaftungsauseinandersetzung **angepaßt** werden. Die vielschichtige Interessenlage, die erhebliche Gefahrneigung der ärztlichen Tätigkeit und die besondere, oft schwierige prozessuale Situation der geschädigten Patienten verlangen eine sachgerechte, dem Interessen- und Härteausgleich dienende Handhabung der Beweisregeln. So hat es das Bundesverfassungsgericht in einer Leitentscheidung aus dem Jahre 1979 anschaulich begründet.

Prozessuale Vergünstigungen

Im Interesse der Waffengleichheit erhält der klagende Patient **folgende prozessualen »Vergünstigungen«:**

▶ An die sachliche Richtigkeit und Vollständigkeit der von ihm vorzutragenden haftungsbegründenden Tatsachenbehauptungen werden deutlich geringere Anforderungen gestellt als in anderen Zivilprozessen.
▶ Der Grundsatz, daß das Gericht nur das würdigen und bei der Entscheidung berücksichtigen kann und darf, was die Parteien vortragen, ist im Arzthaftungsprozeß durchbrochen.
▶ Das Gericht selbst hat – dies ebenfalls im Gegensatz zu sonstigen Zivilverfahren – eine verstärkte Pflicht zur **Amtsermittlung** im Interesse der Aufklärung des medizinischen Sachverhaltes und muß sogar durch eigene Formulierungshilfen darauf hinwirken, daß die Beweisaufnahme auf die medizinisch wesentlichen Umstände ausgerichtet wird.

Dokumentationspflichten

Ausdruck des Gebotes der Waffengleichheit ist auch die Festlegung und besondere Betonung der ärztlichen **Dokumentationspflichten** und damit verbunden das **Einsichtsrecht** des Patienten in die Krankenunterlagen. Die Kenntnis dieser ärztlichen Aufzeichnungen soll es dem Patienten ermöglichen, die Einzelheiten des Behandlungsablaufes nachzuvollziehen und ggf. auch zu überprüfen, um damit zumindest ansatzweise das Informationsdefizit des Klägers gegenüber dem beklagten Arzt auszugleichen.

Kommt der Arzt seinen Dokumentationspflichten – an die hohe Anforderungen gestellt werden – ordnungsgemäß nach, so erhält er dadurch beweisrechtlich einen **»Vertrauensvorschuß«.** Eine lückenhafte, unzulängliche oder gar fehlende Dokumentation schafft dagegen für den Patienten **Beweiserleichterung** bis hin zur **Umkehr der Beweislast.**

Vor dem Hintergrund dieser Rechtsprechung ist

der bereits erörterte Dokumentationszweck **Beweissicherung** von entscheidender prozessualer Bedeutung (vgl. Seite 145f.). Ein Verstoß gegen die Dokumentationspflichten kann einen Haftungsprozeß zugunsten des Patienten entscheiden.

2. Welche Haftungsansprüche hat der Patient?

Keine »amerikanischen Verhältnisse« im deutschen Recht

Um einem nach wie vor verbreiteten Vorurteil entgegenzuwirken: Auch wenn die Haftung eines Arztes oder eines Krankenhauses festgestellt ist, führt dies **nicht** zu **exorbitanten Haftungssummen,** wie sie über die Medien aus dem amerikanischen Rechtsraum bekannt werden. »Amerikanische Verhältnisse« können weder im Hinblick auf Entschädigungszahlungen in Millionenhöhe an klagende Patienten noch im Hinblick auf nicht mehr versicherbare Haftungsrisiken von Ärzten im bundesdeutschen Rechtsgebiet eintreten. Dies wegen der völlig unterschiedlichen Verfahrensausgestaltungen und auch Bemessungsmodalitäten in amerikanischen Haftungsprozessen.

Schadenersatz nach deutschem Recht wird geleistet für

- immaterielle Schäden (Schmerzensgeld),
- materielle Schäden (geldwerte Nachteile und Verluste).

Das Schmerzensgeld – Symbolische Wiedergutmachung oder tatsächlicher Schadensausgleich?

Schmerzensgeld – kein Ausgleich für erlittenes Leid

Eines wird jeder betroffene Patient bestätigen und jeder nicht betroffene auch nachvollziehen können: Ein **Schmerzensgeld** – gleich in welcher

Höhe – vermag das **psychische** und **physische** Leid, das infolge eines Behandlungsfehlers auftreten kann, **nicht auszugleichen.** Dies gilt in besonderem Maße für schwere Schäden, die mit einschneidenden und lebenslangen Belastungen und Behinderungen verbunden sind, wie dies zum Beispiel bei den tragischen Folgen einer Schädigung des Kindes bei der Geburt für die ganze Familie der Fall ist.

Erst in jüngster Zeit hat der Bundesgerichtshof im Zusammenhang mit solchen schwersten Schädigungen die bisherige Spruchpraxis aufgegeben, wonach die Höhe des Schmerzensgeldes sich an der **Fähigkeit des Geschädigten** orientierte, **seine Schmerzen als solche wahrzunehmen.** So gab es für schwerst hirngeschädigte Neugeborene, denen von Sachverständigen nur eine minimale Hirnfunktion und entsprechend eingeschränkte Wahrnehmungs- und Empfindungsfähigkeit attestiert wurde, kein dem Umfang der tatsächlichen Schädigung entsprechendes Schmerzensgeld, sondern lediglich eine **»symbolische« Entschädigungsleistung.**

Auch wenn in Geburtsschadensfällen zwischenzeitlich die höchsten Schmerzensgeldzahlungen überhaupt erfolgen, so führt dies nie und kann auch **nie zu einem adäquaten Schadensausgleich** führen.

Rechtlich hat das Schmerzensgeld **folgende Funktionen:**
- Ausgleichsfunktion
- Genugtuungsfunktion.

Faktoren für die Schmerzensgeldbemessung

Die **Art,** der **Umfang,** die **Dauer der erlittenen Schmerzen** finden dabei ebenso Berücksichtigung wie die **Auswirkungen der eingetretenen Schädigung für das tägliche Leben** des Betroffenen.

Berücksichtigung findet im Hinblick auf die Genugtuungsfunktion auch das **Maß des Verschuldens** auf seiten des Arztes, so daß ein schwerer Behandlungsfehler sich erhöhend auf das Schmerzensgeld auswirken kann.

Ebenso Schmerzensgeld erhöhend ist die **unsachgemäße Verzögerung** einer nach Feststellung des Haftungsgrundes vorzunehmenden Regulierung durch den Arzt bzw. seine Haftpflichtversicherung.

Vererbbarkeit des Schmerzensgeldanspruches

Das Schmerzensgeld ist ein **höchstpersönlicher Anspruch,** der jedoch – auch dies eine Gesetzgebungsneuerung der jüngsten Zeit – **vererbbar** ist. Das heißt, daß auch die Angehörigen bzw. Erben eines verstorbenen Patienten nach dessen Tod den Anspruch auf Zahlung von Schmerzensgeld geltend machen können. Die Tatsache, daß der leidende Patient selbst nicht mehr in den Genuß einer Wiedergutmachungsleistung kommt, wird sich in solchen Fällen nicht auf den Grund, wohl aber auf die Höhe des Schmerzensgeldes auswirken.

Der materielle Schaden – Was ist ersatzfähig, was ist ersatzpflichtig?

Ausgleichsfunktion

Anders als das Schmerzensgeld hat der materielle Schadenersatz ausschließlich eine **Ausgleichsfunktion:** Die Ersatzleistung durch den Schadensverursacher soll die dem Geschädigten entstandenen Nachteile ausgleichen. Ziel und Zweck ist es, den Zustand herzustellen, der bestehen würde, wenn das schädigende Ereignis nicht eingetreten wäre. Das ist die gesetzliche Richtlinie des §249 BGB, der Art und Umfang des Schadenersatzes regelt.

Bei **Sachschäden** – wie etwa einem Blechschaden nach Verkehrsunfall – ist die Bemessung und Berechnung des Schadenersatzes einfach: Auf der Grundlage eines Sachverständigengutachtens oder der Rechnung einer Kfz-Werkstatt hat der Unfallverursacher bzw. seine Haftpflichtversicherung Reparaturkosten bzw. den Wiederbeschaffungswert des beschädigten Fahrzeuges zu ersetzen.

Ersatzfähige Schadenspositionen

Bei **Personenschäden** – und um solche handelt es sich in allen Fällen der Arzthaftung – sind die auszugleichenden »Nachteile« entschieden vielgestaltiger, umfangreicher und auch rechtlich schwieriger abzugrenzen und zu berechnen.

Grundsätzlich muß Ersatz geleistet werden für folgende Schadenspositionen:

▶ **Vermehrte Bedürfnisse**
Dazu gehören alle schädigungsbedingten Nachteile, die dem Verletzten als Folge seiner dauernden körperlichen Beeinträchtigungen entstehen. Konkret:
▶ Kosten für Pflegedienste, unabhängig davon, ob diese von einer angestellten Kraft oder von Familienangehörigen erbracht werden
▶ Aufwendungen für spezielle Verpflegung, Kleidung, Pflegemittel, Mehrverbrauch an Strom, Wasser und Heizung
▶ Aufwendungen für behinderungsgerechtes Wohnen und Leben (z.B. behinderungsgerechtes Fahrzeug, behinderungsgerechte Wohnung bzw. Haus).

▶ **Kosten einer Heilbehandlung**
Grundsätzlich werden Kosten einer notwendigen ärztlichen Behandlung von den gesetzlichen oder privaten Krankenkassen beglichen. Ersatzfähig

und ersatzpflichtig sind dann aber die jeweils beim Patienten verbleibenden **Eigenanteile.**

Zu den zu ersetzenden Heilbehandlungskosten zählen aber auch **Kosten für spezielle Förderungsmaßnahmen, Therapien** und **Rehabilitationsmaßnahmen** – jeweils in der Höhe, in der diese nicht von Versicherern übernommen werden und vom Geschädigten selbst zu tragen sind.

Ersatzfähig als »der Heilung dienende Kosten« sind darüber hinaus die **Aufwendungen** von nahen Angehörigen für **Besuchsfahrten ins Krankenhaus.** Diese Schadenersatzpflicht besteht immer dann, wenn auch ärztlicherseits die Erforderlichkeit und Zweckmäßigkeit der Besuchskontakte bestätigt wird und soweit sich diese Besuche in einem »angemessenen Rahmen« halten. **Trinkgelder** und **Geschenke an das Pflegepersonal** im Krankenhaus sind ersatzfähig, allerdings in geringem Umfang, ebenso die **Kosten von Fahrten zur stationären und auch zur ambulanten Heilbehandlung.**

Können die Folgen einer Schädigung durch eine **kosmetische Operation** beseitigt werden, so trägt auch hierfür der Schädiger die Kosten.

▸ Erwerbsschaden

Der Schädiger muß den **Verlust von Erwerbseinkommen** aller Art ausgleichen und auch von Vermögensvorteilen, die der Geschädigte verliert, weil er verletzungsbedingt seine Arbeitskraft nicht mehr oder nicht in vollem Umfang einsetzen kann. So muß beispielsweise voller Ersatz geleistet werden für folgende Ausfälle:

- Arbeitslohn oder Gehalt einschließlich Urlaubsentgelt und Sonderzahlungen, Überstundenvergütungen, Prämien etc.
- Zulässige Nebeneinkünfte, etwa durch Trinkgelder, nicht aber für Einkünfte aus »Schwarzarbeit«

- Entgangener Gewinn bei selbständig Tätigen
- Lehrlingsvergütung, Schaden wegen des verspäteten Eintritts ins Erwerbsleben oder höherer Ausbildungskosten
- Beeinträchtigung der Haushaltsführung
- Rentenminderung in den Fällen, in denen der Geschädigte nicht mehr versicherungspflichtig tätig sein kann und demzufolge keine Beiträge mehr in die gesetzliche Rentenversicherung einzuzahlen vermag.

Die **Berechnung** des **Erwerbsschadens** ist eine der Positionen, die rechtlich und tatsächlich besondere Probleme aufwirft und die eine Fülle von Abgrenzungsschwierigkeiten mit sich bringt.

- **Ersatzleistung für entgangenen Unterhalt**

Stirbt als Folge eines ärztlichen Behandlungsfehlers ein gegenüber Dritten zum Unterhalt Verpflichteter – die Ehefrau und Mutter, der Ehemann und Vater –, so haben die zum Unterhalt berechtigten Hinterbliebenen gegenüber dem Schädiger einen Anspruch auf Ersatz der ihnen durch den Tod verlustig gegangenen Unterhaltsleistung.

Diese Ersatzleistung bemißt sich nach dem **gesetzlich geschuldeten,** nicht nach dem tatsächlich zu Lebzeiten des Unterhaltspflichtigen geleisteten Unterhalt. Dieser gesetzliche Unterhalt umfaßt nicht nur die wirtschaftlichen Zuwendungen in Form von **Barunterhalt,** sondern auch die **persönliche Betreuung in Form von Haushaltsführung und Erziehung.**

Auch die **Berechnung** dieses **Unterhaltsschadens** ist – insbesondere bei der Berechnung des Schadens im Falle des Todes von Hausfrau und Mutter – äußerst schwierig.

Kausalitäten

Diese Aufstellung ist keineswegs abschließend und vollständig. Sie kann nur einen groben Überblick über die grundsätzlich zur Ausgleichung stehenden möglichen Ersatzansprüche geben. Die Darlegung und Beweisführung zur sog. **»haftungsausfüllenden Kausalität«** – d.h. der Nachweis des entstandenen Schadens und seine Rückführung auf den ärztlichen Behandlungsfehler als Schadensursache – ist ebenso schwierig, oftmals sogar noch schwieriger als die **haftungsbegründende Kausalität** – d.h. der Nachweis des Zusammenhangs zwischen ärztlichem Behandlungsfehler und eingetretenem Schaden.

Beweislast

Für die haftungsausfüllende Kausalität trägt immer der Patient die Beweislast. Die Rechtsprechung gibt ihm zwar auch hier in gewisser Weise »Hilfestellung«: So muß beispielsweise der schädigungsbedingte Mehrbedarf nicht in allen Einzelheiten dargestellt und belegt werden; die Gerichte haben nach der Zivilprozeßordnung die **Möglichkeit, diese Schadenspositionen zu schätzen.** Dennoch muß eine tragfähige Grundlage für eine solche zulässige Schätzung durch den Patienten bzw. seinen Anwalt geschaffen werden.

Empfehlung

Es ist demzufolge jedem Patienten, der vermutet, daß er durch einen ärztlichen Behandlungsfehler zu Schaden gekommen ist, anzuraten, sämtliche ihm entstehenden Kosten und Aufwendungen zu einem frühen Zeitpunkt zusammenzustellen und die dafür geeigneten Belege aufzubewahren.

3. Ein Schaden ist eingetreten – Was tun?

Lassen Sie uns noch einmal betonen: Nicht jede fehlgeschlagene ärztliche Bemühung ist ein Behandlungsfehler – nicht jeder ausgebliebene Heilerfolg und/oder Verschlechterung des Gesundheitszustandes ist ein Schaden im haftungsrechtlichen Sinne.

Hat ein Patient allerdings Grund zu der Annahme, daß durch ärztliches Fehlverhalten – sei es durch die Behandlung oder das Unterlassen einer Behandlung – eine gesundheitliche Beeinträchtigung eingetreten ist, so sollte diese Annahme möglichst zeitnah in sachgerechter Form sowohl medizinisch wie auch juristisch überprüft werden.

Beachte! Diese Überprüfung kann der Patient alleine nicht vornehmen.

Patientenschutzorganisationen und Verbraucherverbände sind zwar in der Lage, Starthilfen zu geben. Deren Rat und teilweise sicher auch umfangreiche Erfahrung reichen jedoch in aller Regel nicht aus, um die Voraussetzungen für eine erfolgreiche Durchsetzung von tatsächlich bestehenden Haftungsansprüchen zu schaffen.

Vorsicht ist insbesondere geboten bei der Beauftragung von Instituten und Einrichtungen, die Patienten ihre Dienste in Form von rechtlichen und medizinischen Begutachtungen vermuteter fehlerhafter Behandlungsverläufe offerieren. Durch diese »Gutachten« – die der Patient teuer bezahlen muß – werden häufig Erwartungen und Hoffnungen geweckt, die sich in der Praxis nicht realisieren lassen.

Welche Möglichkeiten hat nun der Patient, der vermutet, durch einen ärztlichen Behandlungsfehler zu Schaden gekommen zu sein?

Gutachterkommissionen und Schlichtungsstellen – Hilfe von den Ärztekammern?

Zweck der Einrichtung von Gutachterkommissionen und Schlichtungsstellen

Bei der Auseinandersetzung um einen Behandlungsfehler sind Patient und Arzt gleichermaßen im eigentlichen wie im übertragenen Sinne »betroffen«. Wegen dieser Betroffenheit werden solche Auseinandersetzungen von seiten beider Beteiligten in der Regel mit viel Emotionen geführt, die einer sachlichen und sachgerechten Tatsachenfeststellung und -wertung im Wege stehen.

Die **Entspannung und Versachlichung** des Verhältnisses zwischen den an einer Medizinschadensauseinandersetzung Beteiligten war eines der Ziele, die die Ärztekammern bei der Einrichtung ihrer Gutachterkommissionen und Schlichtungsstellen verfolgt haben.

Leistungen der Institutionen

Solche Gutachterkommissionen existieren zwischenzeitlich bei allen Ärztekammern der Bundesländer. Ihr Anspruch ist es, **unbürokratisch** und **für den Patienten kostenlos** durch fachmedizinische Begutachtung einem Behandlungsfehlervorwurf nachzugehen.

Verfahren

Der Patient, der von dieser Möglichkeit Gebrauch machen möchte, muß lediglich einen **informellen Antrag** bei der für ihn zuständigen Gutachterkommission einreichen, um den medizinischen Begutachtungsprozeß in Gang zu setzen. Seitens der Kommission werden sämtliche Behandlungsunterlagen, die zur Überprüfung benötigt werden, beigezogen.

Mitglieder der Gutachterkommission sind mindestens ein Volljurist, der die Befähigung zum Richteramt besitzt, sowie verschiedene Fachärzte. Die Begutachtung wird durch ein bzw. zwei Kommissionsmitglieder oder durch von der Kommission beauftragte Ärzte vorgenommen. Auf der Basis des erstatteten Gutachtens ergeht ein **Bescheid,** in dem abschließend zur Frage des ärztlichen Fehlverhaltens Stellung genommen wird.

Nachteile des Begutachtungsverfahrens

Dieses Begutachtungsverfahren hat **Vorteile** für den Patienten, weil es für ihn nicht mit Kosten verbunden und in der Tat unbürokratisch ist. Es hat jedoch auch **Nachteile:**

- Die **Begutachtung** erfolgt ausschließlich auf der Grundlage der **vorhandenen Krankenunterlagen**
- eine **mündliche Anhörung** von antragstellendem Patient und betroffenem Arzt findet **nicht** statt
- eine **Beweiserhebung** zur Abklärung von Tatsachenbehauptungen etwa durch Zeugeneinvernahme ist **ausgeschlossen**
- je nach Statuten der Gutachterkommissionen sind die **begutachtenden Ärzte** namentlich **nicht bekannt** und werden auch nicht bekanntgegeben, so daß der Patient nicht in die Lage versetzt wird, sich über die Qualifikation des Gutachters zu vergewissern
- die **Aufklärungsrüge** wird von den Gutachtern der Kommissionen **nicht,** in zwei Bundesländern (Schlichtungsstelle München und Gutachterkommission für Baden-Württemberg) **nur unter bestimmten Voraussetzungen berücksichtigt**
- **Vorwürfe gegen Krankenhausträger** können nicht, in einzelnen Bundesländern nur **eingeschränkt** Gegenstand des Begutachtungsverfahrens sein
- zur **Begutachtung** angenommen werden in der Regel auch nur **Behandlungsfehler,** die zum Zeitpunkt der Antragstellung **nicht länger als fünf Jahre** zurückliegen

- ein **Verfahrenshindernis** im Sinne der Gutachterkommissionen ist es auch, wenn ein Patient parallel zur Anrufung der Gutachterkommission ein Strafverfahren gegen den betroffenen Arzt angestrengt hat.

Erfolgsaussichten eines Begutachtungsverfahrens

Die **»Erfolgsquote«** bei Begutachtungsverfahren vor den Kommissionen ist je nach Ärztekammerbezirk unterschiedlich hoch. Sie liegt im Durchschnitt zwischen 20 und 30 %.

In Fällen eines positiven Bescheides hat ein Patient gute Chancen für eine außergerichtliche Regulierung des ihm entstandenen Schadens: Bei den Haftpflichtversicherern der Ärzte besteht eine grundsätzliche Bereitschaft, Entscheidungen der Gutachterkommissionen und Schlichtungsstellen zu akzeptieren.

Das heißt allerdings auch: Im Falle eines **negativen Entscheides** ist eine **außergerichtliche Einigung nahezu ausgeschlossen.** Die Beweisführung im Rahmen einer gerichtlichen Auseinandersetzung wird durch dieses negative Gutachten gleichfalls in erheblichem Maße erschwert: Der Patient bzw. sein Anwalt müßte in der Lage sein, durch medizinisch fundierte Argumente die Tragfähigkeit der vorliegenden medizinischen Würdigung so in Zweifel zu ziehen, daß das Gericht sich veranlaßt sieht, einen gerichtlichen Sachverständigen zu bestellen. **Alternative:** Es kann ein Privatgutachter gewonnen werden, der aufgrund des gleichen Sachverhaltes zu einer anderen Bewertung als die Gutachterkommission gelangt. Auch in diesem Fall wird vom Gericht ein weiterer Sachverständiger zur endgültigen Klärung des haftungsbegründenden Sachverhalts beauftragt.

Die Wahrscheinlichkeit, daß im Rahmen des Verfahrens vor den Gutachterkommissionen und

Schlichtungsstellen ein für den Patienten negatives Gutachten erstattet wird, ist zumindest statistisch höher als der umgekehrte Fall. Im Hinblick auf die Probleme, die durch eine solche negative ärztliche Stellungnahme im Rahmen der Beweisführung in Arzthaftungsauseinandersetzungen geschaffen werden, sollte die Entscheidung zur Anrufung der Gutachterkommission und Schlichtungsstelle sorgfältig überdacht und überprüft werden.

Eine **Entscheidungshilfe** kann in solchen Situationen der in Arzthaftungsauseinandersetzungen **erfahrene Anwalt** bieten.

Wie hilft der Anwalt?

Welcher Anwalt ist der richtige?

Eines vorab: Nicht jeder Anwalt kann und sollte das Mandat in einer Medizinschadensauseinandersetzung übernehmen. Die Bearbeitung von Arzthaftungsfällen setzt die **Fähigkeit** und **Bereitschaft** voraus, sich in **medizinische Fachliteratur** einzuarbeiten und **Behandlungsdokumentationen** lesen und **verstehen** zu können. Zumindest sollte ein Anwalt, der ein solches Mandat übernimmt, die Möglichkeit haben, auf **medizinische Sachkunde** – etwa die Unterstützung durch beratende Ärzte – zurückzugreifen.

Unverzichtbar ist auch eine fundierte **Kenntnis** der **Besonderheiten** des **Arzthaftungsprozesses,** die nur durch intensive und fortdauernde Beschäftigung mit der einschlägigen juristischen Literatur und Rechtsprechung gewährleistet wird. Denn: Arzthaftungsrecht ist reines **»Fallrecht«,** das sich in einer ständigen Entwicklung befindet. Auch ein Anwalt – ebenso wie ein Arzt – kann einen »Behandlungsfehler« in Form eines »Übernahmeverschuldens« begehen.

Prüfung der Behandlungsdokumentation

Grundlage jeder ordnungsgemäßen anwaltlichen Bearbeitung eines Arzthaftungsmandates ist die **Sichtung und Überprüfung der Behandlungsdokumentation.** Ein Anwalt – auch ein erfahrener Arzthaftungsspezialist – ist selbstverständlich kein medizinischer Sachverständiger. Er muß jedoch in der Lage sein, die möglicherweise haftungsbegründenden Tatsachen als solche zu erkennen und sie einer **gutachterlichen Überprüfung** zuzuführen.

Gutachterliche Überprüfung

Diese Überprüfung kann durch Anrufung der Gutachterkommission und Schlichtungsstelle erfolgen. Alternativ kommt die Beauftragung eines privaten Sachverständigen in Betracht.

Vorteil dieser Vorgehensweise: Der Patient hat die Möglichkeit, sich einen Sachverständigen auszusuchen, über dessen Renommee und Qualifikation er bzw. sein Anwalt sich vergewissert hat und auf dessen Meinung er zu vertrauen vermag. Im Hinblick auf die prozeßentscheidende Bedeutung eines Gutachtens – auch eines Privatgutachtens – ist die **Auswahl des Gutachters** eine der wichtigsten anwaltlichen Aufgaben.

Allerdings: Ein **Privatgutachter ist kein »Gefälligkeitsgutachter«** – mit der Beauftragung eines Sachverständigen kann man sich ein positives Gutachten nicht erkaufen. Es kann und soll jedoch auch nicht Ziel der anwaltlichen Tätigkeit sein, dem Patienten ein wunschgemäßes Ergebnis zu liefern, sondern eine sachgerechte Überprüfung etwa bestehender haftungsrechtlicher Ansprüche zu gewährleisten. Ein Gutachten in diesem Verfahrensstadium ist die **Entscheidungshilfe** dafür, ob mit Aussicht auf Erfolg Ansprüche wegen eines Behandlungsfehlers anzumelden sind oder nicht.

Nachteile der Beauftragung eines Privatgutachters: Die **Kosten** hierfür sind grundsätzlich vom

Patienten zu tragen, wobei zwischenzeitlich immer mehr Krankenversicherer finanzielle Unterstützung geben. Rechtsschutzversicherungen tragen nur in absoluten Ausnahmefällen die Kosten einer außergerichtlichen Begutachtung.

Außergerichtliche Einigung

Kommt der Anwalt auf der Grundlage eines Gutachtens der Gutachterkommission und Schlichtungsstelle, auf der Grundlage eines Privatgutachtens oder aber auch aufgrund des eigenen Studiums der Behandlungsunterlagen zu dem Schluß, daß ein Behandlungsfehler – oder auch ein Aufklärungsmangel – vorliegt, der Haftungsansprüche zu begründen geeignet ist, so wird er sich mit dem Arzt und dessen Haftpflichtversicherung in Verbindung setzen – dies zunächst mit dem Ziel, eine **außergerichtliche Einigung** bezüglich der Schadensregulierung herbeizuführen. Auch in diesem Verfahrensstadium kann – in Absprache mit der Haftpflichtversicherung – ein Sachverständiger mit der Begutachtung des Behandlungsverlaufes beauftragt werden. Die Kosten für diesen Sachverständigen trägt der Haftpflichtversicherer.

Ermittlung der Schadenersatzhöhe

Erkennt die Haftpflichtversicherung – nach entsprechender Abklärung – die Haftung dem Grunde nach an und geht ebenfalls von einem Behandlungsfehler oder von einem Aufklärungsmangel aus, so wird der Anwalt in enger Zusammenarbeit mit seinem Mandanten die Höhe der Schadenersatzansprüche ermitteln und gegenüber der Haftpflichtversicherung zur Regulierung anmelden.

Ziel einer solchen außergerichtlichen Regulierung ist – jedenfalls von seiten der Haftpflichtversicherung – in der Regel ein **Abfindungsvergleich:** Gegen Zahlung einer bestimmten Entschädigungssumme sollen sämtliche materiellen und immateriellen Schäden des Patienten, auch die eventuell künftig noch entstehenden, abgegolten werden.

Ziel des Patienten und seines Anwaltes ist es, einen **adäquaten Schadensausgleich** herbeizuführen.

Zivilklage, wenn keine Einigung möglich

Diese Interessen können im Rahmen eines sachgerechten Regulierungsgespräches in Übereinstimmung gebracht werden; es ist jedoch auch durchaus möglich, daß die Vorstellungen über eine angemessene Ersatzleistung so weit auseinandergehen, daß eine Einigung nicht möglich ist.

In einem solchen Fall bleibt dann nur – ebenso wie in den Fällen, in denen die Haftpflichtversicherung bereits die Haftung dem Grunde nach ablehnt – der Weg der Zivilklage.

Sachgerechter Interessenausgleich

Die Verfahren vor den Gutachterkommissionen und Schlichtungsstellen, die Bemühungen des Anwalts um eine außergerichtliche Klärung von Behandlungsfehlervorwürfen und letztlich auch der Arzthaftungsprozeß haben ein gemeinsames Ziel: die **Herbeiführung eines sachgerechten Interessenausgleiches** in den Fällen, in denen eine ärztliche Behandlung nicht zur Heilung, sondern zu einem Schaden für den Patienten führt.

Diese Schäden bedeuten in vielen Fällen einen tiefgehenden Einschnitt im Leben des Patienten. Das gilt insbesondere für die Angehörigen eines Patienten, der infolge einer fehlerhaften – oder vermutet fehlerhaften – Behandlung des Arztes verstorben ist. Ein Patient, der unter schweren gesundheitlichen Beeinträchtigungen oder Angehörige, die am Tod eines ihnen nahestehenden Menschen leiden, haben oftmals nicht nur das berechtigte Bedürfnis nach einer Schadenswiedergutmachung und Ausgleichung des ihnen zugefügten Leides, sondern auch nach »Genugtuung« in Form einer Bestrafung des Arztes, den sie dafür verantwortlich machen.

Der Ruf nach dem Staatsanwalt steht deshalb nicht selten am Beginn einer Arzthaftungsauseinandersetzung.

Der Weg zum Staatsanwalt – Empfiehlt sich das?

Hinweis und Warnung

Durch ein ärztliches Versagen geschädigte Patienten oder Angehörige eines verstorbenen Patienten, die aus solchen oder ähnlichen emotionalen Gründen – etwa weil sie sich durch ein wenig einfühlsames Verhalten des Arztes nach dem schädigenden Ereignis **in besonderer Weise verletzt** fühlen, aus Gefühlen der Hilflosigkeit und Ohnmacht heraus – ein Strafverfahren einleiten, werden die Erfahrung machen müssen, daß die strafrechtliche Ahndung eines ärztlichen Fehlverhaltens in aller Regel **keine geeignete Verarbeitungsmöglichkeit** darstellt:

In über 90 % aller Fälle von Strafanzeigen gegen Ärzte wird das Verfahren von den Staatsanwaltschaften bereits vor Anklageerhebung eingestellt; in weniger als 1 % aller Fälle kommt es überhaupt zu einer gerichtlichen Verurteilung. Diese Tatsache ist mit den **Besonderheiten des Strafrechtes** erklärbar, die eine Strafanzeige aus Sicht des Arzthaftungsrechtlers generell zu einem ungeeigneten Mittel machen: Im Strafverfahren gelten – im Gegensatz zum Zivilrecht – **völlig andere Beurteilungsmaßstäbe und Beweisregeln.** Die Schuld des Arztes und der erforderliche vollständige Nachweis der Ursächlichkeit eines ärztlichen Fehlverhaltens für einen eingetretenen Schaden muß zur Gewißheit des Gerichtes feststehen. Es gilt der be-

Warum ist die Strafanzeige oft ungeeignet?

kannte Grundsatz: **»Im Zweifel für den Angeklagten.«** Beweiserleichterungen, wie wir sie aus dem Zivilprozeß kennen, gibt es im Strafrecht mit Rücksicht auf diesen Grundsatz nicht.

Strafverfahren und Gutachten – was Sie wissen sollten!

Auch die Möglichkeit, durch Einleitung eines Strafverfahrens und die im Rahmen der Ermittlungen erfolgende Beschlagnahme von Krankenunterlagen an die **Behandlungsdokumentation** sowie an ein – kostenloses – **Gutachten** zu gelangen, ist kein guter Grund, eine Strafanzeige zu erstatten. Die Behandlungsdokumentation ist – wie Sie mittlerweise wissen – auch auf zivilrechtlichem und außergerichtlichem Wege zu erhalten.

Das Gutachten, das im Strafverfahren erstattet wird, kann für den rechtsuchenden Patienten sogar nachteilig sein. Wir hatten bereits festgestellt, daß die Behauptung »eine Krähe hackt der anderen kein Auge aus« im Hinblick auf die heutige Gutachtertätigkeit nicht mehr zutreffend ist. Im Strafverfahren allerdings – anders als in der zivilrechtlichen Auseinandersetzung – bestehen, wie die Erfahrung zeigt, doch erhebliche **Hemmungen der beauftragten Gutachter,** den Fehler eines strafrechtlich in Anspruch genommenen Kollegen in aller Deutlichkeit und Klarheit als solchen zu bezeichnen. Medizinische Sachverhalte sind ohnehin meist unter verschiedenen Gesichtspunkten zu interpretieren und auch zu beurteilen.

Ein Gutachter im Strafverfahren wird bei einer Überprüfung des ihm unterbreiteten Sachverhaltes mit besonderer Sorgfalt auf die **denkbaren Sachverhaltsalternativen** hinweisen. Die Feststellung, daß mit der erforderlichen **»an Sicherheit grenzenden Wahrscheinlichkeit«** ein ärztliches Verschulden vorliegt, wird dann nicht zu treffen sein.

Liegt aber ein im Rahmen des Strafverfahrens erstattetes Gutachten vor, das einen ärztlichen Behandlungsfehler und eine ärztliche Schuld nicht zweifelsfrei ausweist, dann kann dieses Gutachten auch einer eventuell sich anschließenden haftungsrechtlichen Auseinandersetzung im Wege stehen.

Verzögerung der Durchsetzung zivilrechtlicher Ansprüche

Ein **weiterer Nachteil** der Einleitung eines Strafverfahrens ist die damit verbundene **zeitliche Verzögerung der Durchsetzung von zivilrechtlichen Ansprüchen:** Ermittlungsverfahren gegen Ärzte dauern erfahrungsgemäß Jahre. Wie Sie wissen, schließt die Einleitung eines Strafverfahrens die Inanspruchnahme der Gutachterkommissionen und Schlichtungsstellen aus. Ein **laufendes Ermittlungsverfahren** führt aber auch dazu, daß ein parallel dazu angestrengter **Haftungsprozeß** zunächst – bis zum Abschluß der Ermittlungen – **ausgesetzt** wird. Das wiederum hat zur Folge, daß zivilrechtlich über das Schadensereignis erst lange Zeit nach dem eigentlichen Geschehen verhandelt wird und die im Rahmen des Zivilprozesses durchzuführende Beweisaufnahme durch Zeugenvernehmung wegen des zwischenzeitlich eingetretenen Zeitablaufes unmöglich gemacht oder jedenfalls wesentlich erschwert wird.

Es gibt sicherlich Fälle, in denen das ärztliche Versagen extrem ist, die ärztlichen Sorgfaltspflichten in unverantwortlicher und nicht nachvollziehbarer Weise verletzt werden und dadurch ein nicht wiedergutzumachender gravierender Schaden bei dem Patienten verursacht wird. In diesen – und nur in diesen – Fällen kann die Erstattung einer Strafanzeige schon im Hinblick auf die erforderliche **Vorbeugung und Verhinderung einer Gefährdung anderer Patienten** gerechtfertigt sein.

Entscheidungshilfe

Grundsätzlich muß festgehalten werden:

- Ein Strafverfahren ist kein geeignetes Mittel, um »Trauerarbeit« zu leisten und Leidensdruck zu mindern.
- Der Arzt, dessen Behandlungsfehler zu einer strafrechtlichen Verurteilung führt, wird immer auch mit Mitteln des Zivilrechtes zur Verantwortung zu ziehen sein; **aber:**
- ein Behandlungsfehlervorwurf, der sich durch ein strafrechtliches Ermittlungsverfahren nicht bestätigen läßt, kann durchaus im zivilrechtlichen Verfahren beweisbar sein.

Es gibt sehr erfahrene Arzthaftungsrechtler, die immer wieder betonen, daß die **Erstattung einer Strafanzeige grundsätzlich ein »anwaltlicher Kunstfehler«** sei. Der Weg zum Staatsanwalt empfiehlt sich aus den dargestellten Gründen in aller Regel jedenfalls nicht.

Der Arzt – Mit einem Bein auf der Anklagebank?

Jeder ärztliche Heileingriff – sei er erfolgreich oder nicht – ist im engen juristischen Sinne eine Körperverletzung. Der Arzt übt also eine »gefährliche« Tätigkeit aus. Er setzt sich – theoretisch – in allen Bereichen seines beruflichen Wirkens einer Bestrafung wegen fahrlässiger Körperverletzung, fahrlässiger Tötung oder unterlassener Hilfeleistung aus. Verständlich, daß bei Ärzten die Befürchtung besteht, sie befänden sich grundsätzlich »mit einem Bein auf der Anklagebank« oder gar im Gefängnis.

Solche Befürchtungen sind, wie die Zahlen über die strafrechtliche Ahndung von Behandlungsfehlern zeigen, tatsächlich unbegründet. Es gibt aber – nicht nur bei Ärzten, die ihren ganzen Berufsstand unter dem »Damoklesschwert« des Strafrechtes sehen, sondern auch bei Juristen – durchaus begründete Bedenken, den ärztlichen Heileingriff weiterhin grundsätzlich als Körperverletzung zu qualifizieren. Bislang haben sich die Stimmen, die eine entsprechende Änderung der strafrechtlichen Tatbestandsmerkmale fordern, nicht durchgesetzt.

Mit absoluter Sicherheit ist es jedoch dem Arzt-Patienten-Verhältnis, das – wie wir wiederholt betont haben – von **gegenseitigem Vertrauen** geprägt sein sollte, **nicht zuträglich,** wenn Patienten – im Extremfall – ihren **Arzt** als **potentiellen Schädiger** und Ärzte bei Beginn der Behandlung bereits ihre mögliche spätere Rolle als Beklagter oder sogar Angeklagter sehen.

Das sollte bedacht werden!

Ein **Arzt** trägt eine **ungeheure Verantwortung** – gegenüber dem einzelnen Patienten und gesundheitspolitisch auch im Dienste der Allgemeinheit. Er muß stets hohen fachlichen, menschlichen und auch rechtlichen Anforderungen genügen. Die Fülle von Pflichten, die ihm sein Berufsrecht und die geltenden Gesetze auferlegen, haben Sie zumindest in groben Zügen kennengelernt.

Wenn tatsächlich im Verlauf einer Behandlung ein **ärztlicher Fehler** unterläuft, dann sollte sich jeder Patient diese Verantwortung und das enge Eingebundensein des Arztes in einen umfangreichen Pflichtenkreis vergegenwärtigen und sich bewußtmachen, daß nur dem, der nichts tut, keine Fehler passieren.

Kommt aber ein solcher Fehler vor, dann hat ein Arzt dafür – wie jeder andere – einzustehen.

Wenn Arzt und Patient auch fehlerhaftes ärztliches Handeln unter dieser Perspektive zu sehen in der Lage sind, dann könnte dies dazu beitragen, **unnötige Belastungen** des Arzt-Patienten-Verhältnisses im Konfliktfall zu vermeiden.

Unter der weiterhin ansteigenden Zahl der Patientenklagen und Behandlungsfehlervorwürfe ist – so heißt es vielfach und nicht zu Unrecht – das Verhältnis zwischen Arzt und Patienten »notleidend« geworden; Ärzte fühlen sich zu einer **»Defensivmedizin«** veranlaßt – einer Medizin, die kein Risiko eingeht. Diese Befürchtung besteht – aus juristischer Sicht – **objektiv zu Unrecht.** Sie ist jedoch geeignet, das Verhältnis zwischen Arzt und Patient, zwischen Hilfsbedürftigem und Helfer, empfindlich zu stören. Eine derartige Störung ist mit der Beziehung zwischen den Vertragspartnern Arzt und Patient im Sinne einer »partnerschaftlichen Zusammenarbeit«, eines »therapeutischen Arbeitsbündnisses« nicht vereinbar.

Sie kann weder im Interesse des Arztes noch im Interesse des Patienten und auch nicht im Interesse der Allgemeinheit liegen.

VII. Arzneimittelrecht

Bedeutung des Arzneimittelrechts

Die gesetzlichen Krankenkassen haben im Jahre 1992 etwa 27 Milliarden DM für Arzneimittel ausgegeben. Die Ärzte haben den Patienten im Jahre 1990 in den alten Bundesländern etwa 20 Medikamente pro Jahr und pro Person verschrieben, hierfür zahlten die gesetzlichen Krankenkassen pro Mitglied etwa 574,– DM. Aus diesen Zahlen können wir schließen, daß dem **Arzneimittelrecht** nicht nur große **volkswirtschaftliche,** sondern auch **gesundheitspolitische** Bedeutung zukommt. Denn immerhin muß knapp 1/4 aller Bundesbürger täglich oder fast täglich Tabletten nehmen, um den Gesundheitszustand zu stabilisieren. Sie sind meist älter als 45 Jahre, Verschleißerkrankungen und Krankheiten des Herz-/Kreislaufsystems, Stoffwechselstörungen und Rheumatismus sind die wichtigsten Krankheiten, die den Arzneimittelkonsum erfordern. Andererseits nehmen knapp die Hälfte der Bundesbürger selten Medikamente, 28 % gaben an, einmal oder mehrmals pro Monat Arzneimittel zu nehmen.

Einen immer größeren Bereich nimmt die **Selbstmedikation** ein, also die Behandlung mit rezeptfreien Präparaten ohne Einschaltung des Arztes. Von 100 Arzneimittelpackungen entfallen ungefähr 30 auf selbstgekaufte Präparate. In erster Linie zählen zu diesen Medikamenten Tabletten gegen Erkältungskrankheiten oder Grippe. Wenn man berücksichtigt, daß nach Schätzungen bei etwa 20 % aller Unfälle Arzneimittel im Spiel sein sollen, die die Konzentration und das Reaktionsvermögen der Patienten beeinträchtigen, zeigt dies, daß dem Schutz des Patienten im Arzneimittelrecht gesteigerte Bedeutung zukommt.

1. Was regelt das Arzneimittelrecht?

Bereits seit dem Jahre 1976 wird der Verbraucher vor schädlichen Arzneimitteln besser geschützt. Mit dem in jenem Jahr verabschiedeten **Arzneimittelgesetz** und der damit verbundenen Neuordnung des Arzneimittelrechts beabsichtigte der Gesetzgeber, den **Mißbrauch** von **Medikamenten** ebenso wie eine **Schädigung** des **Patienten** durch ein besonderes Zulassungsverfahren **auszuschließen.** Die Contergan-Katastrophe in den Jahren zuvor hatte mit ihren Tausenden durch ein einziges neues Medikament Geschädigten gezeigt, daß allein die Registrierung neuer Arzneimittel unter den bisherigen Bedingungen nicht genügte, um Gesundheitsschäden durch die Einnahme von Medikamenten zu verhüten. Es brach sich die Erkenntnis Bahn, daß vielmehr in einem staatlichen Zulassungsverfahren unter Beteiligung von Sachverständigen die Unbedenklichkeit, also die relative Unschädlichkeit der Arzneimittel geprüft werden muß.

Im Arzneimittelgesetz verdienen drei Problembereiche besondere Beachtung:

Die **Zulassung** der **Arzneimittel**, der **Schutz** des **Mensch**en bei der Prüfung der Arzneimittel und die **Ausgestaltung** des **Haftungsrechts** im Fall von **Arzneimittelschäden**.

Verfahren zur Zulassung von Arzneimitteln

Einem besonderen Zulassungsverfahren unterliegen zum einen **Fertigarzneimittel,** also solche, die im voraus hergestellt und in einer zur Abgabe an den Verbraucher bestimmten Packung in den Verkehr gebracht werden, in gewissem Umfange auch Tierarzneimittel. Dies ist auch gerechtfertigt, denn auch Tierarzneimittel gelangen ganz oder teilweise durch den Verzehr von Lebensmitteln tierischer Herkunft (zum Beispiel Fleisch, Milch, Milchprodukte, Eier) in den menschlichen Körper.

Gegenstand des Zulassungsverfahrens

Im Zulassungsverfahren hat der pharmazeutische Unternehmer grundsätzlich die **Qualität, Wirksamkeit** und **Unbedenklichkeit** des **Arzneimittels** nachzuweisen und zu diesem Zweck insbesondere die Ergebnisse der von ihm veranlaßten analytischen, pharmakologisch-toxikologischen und klinischen Prüfungen mit Sachverständigengutachten vorzulegen. Man kann sich vorstellen, daß dem Unternehmer bisweilen besonders der Wirksamkeitsnachweis schwerfällt. Denn es gibt zahlreiche Fälle, in denen der Ursachenzusammenhang zwischen der Anwendung eines Arzneimittels und einer Änderung, also Besserung des Gesundheitszustandes nicht mit wissenschaftlicher Genauigkeit festgestellt werden kann. Diesem Zweck dient die Einschaltung von Sachverständigenkommissionen, deren Zusammensetzung davon abhängt, ob das Arzneimittel, dessen Zulassung beantragt wird, verschreibungspflichtig ist oder nicht. Das Bundesgesundheitsamt ist dann verpflichtet, eine Entscheidung über den Antrag auf Zulassung innerhalb einer Frist von 4, in Ausnahmefällen von 7 Monaten zu treffen.

Widerruf der Zulassung

Stellt sich später heraus, daß dem Arzneimittel die therapeutische Wirksamkeit fehlt, ist die Zulassung zu widerrufen. Sera, Impfstoffe und Testallergene dürfen nur in den Verkehr gebracht werden, wenn die betreffende Charge staatlich geprüft und freigegeben worden ist.

Wegen der bisher nicht auszuschließenden Gefahr HIV-infizierter Blutpräparate soll zukünftig die Entnahme von Blut aus dem menschlichen Körper als Gewinnung und damit Herstellung eines Arzneimittels eingestuft werden, damit die strengen Kontroll- und Überwachungsvorschriften für Arzneimittel auch für **Blutpräparate** gelten.

Homöopathische Arzneimittel

Demgegenüber unterliegen **homöopathische Arzneimittel,** die nicht verschreibungspflichtig sind, nicht dem Zulassungsverfahren; hier ist nur eine Registrierung erforderlich. Angaben über die Wirkungen und Anwendungsgebiete sowie Gutachten sind nicht erforderlich. Deshalb dürfen registrierte homöopathische Arzneimittel auf der Verpackung keine Angaben über Anwendungsgebiete tragen. Homöopathische Mittel sollen zukünftig den Hinweis tragen »*Registriertes homöopathisches Arzneimittel,* daher ohne Angaben einer therapeutischen Indikation«.

Schutz des Menschen bei klinischer Prüfung

Da der Gesetzgeber für das Zulassungsverfahren eine besondere klinische Prüfung und daraus folgende Gutachten verlangt, hat er auch die **Menschen** zu **schützen,** die sich zum klinischen Versuch zur Verfügung stellen.

Gewährleistung des Schutzes

Einerseits muß die **Versuchsperson,** die ihre Rolle **freiwillig** übernommen hat, geschützt werden, andererseits muß das **Interesse** der **Allgemeinheit** an der Entwicklung wirksamer Arzneimittel berücksichtigt werden. Die **Risiken** müssen ärztlich **vertretbar** sein. Die Versuchsperson muß nach Aufklärung durch einen Arzt über Umfang und Tragweite der klinischen Prüfung **schriftlich** ihre **Einwilligung** geben. Die Versuchsperson muß deshalb auch geschäftsfähig und darf nicht etwa auf gerichtliche oder behördliche Anordnung in einer Anstalt verwahrt sein. Vor Beginn der klinischen Prüfung muß ein **Versicherungsvertrag** zugunsten der Versuchsperson abgeschlossen werden. An **Minderjährigen** können Arzneimittel nur dann erprobt werden, wenn dieses bestimmte Arzneimittel gerade für diesen Minderjährigen indiziert ist und die Prüfung an Erwachsenen nicht ausreicht. Die Einwilligung des gesetzlichen Vertreters und eine Risikoaufklärung sind ebenso erforderlich. Auch der Minderjährige muß schriftlich einwilligen, wenn er selbst in der Lage ist, die Entscheidung über den Versuch zu treffen. Die Erprobung eines Arzneimittels an einem **Kranken** setzt voraus, daß die Anwendung dieses Arzneimittels für diesen Kranken indiziert ist. Auch hier sind Aufklärung und Einwilligungsfähigkeit in gleicher Weise erforderlich. Eine mündliche Einwilligung ist wirksam, wenn sie in Gegenwart von Zeugen abgegeben wird.

Haftung für Arzneimittelschäden

Gefährdungshaftung

Trotz Zulassungsverfahren und späterer Beobachtung können Arzneimittelschäden durch ein Medikament nicht ausgeschlossen werden. Der pharmazeutische Unternehmer kann trotz aller denkbaren Vorsorge nicht die jedem Medikament innewohnende Gefahr von Gesundheitsschäden völlig ausschließen. Deshalb hat der Gesetzgeber zugunsten des Patienten eine **Gefährdungshaftung** im Arzneimittelgesetz festgelegt und einen Schadenersatzanspruch auch in den Fällen geschaffen, in denen der Patient ein Verschulden des pharmazeutischen Unternehmers, der das Arzneimittel in den Verkehr gebracht hat, nicht beweisen kann. Hat der Unternehmer dagegen schuldhaft seine Sorgfaltspflichten außer acht gelassen, haftet er schon nach allgemeinen Vorschriften auf Schadenersatz und Schmerzensgeld. Bei Schäden im Zusammenhang mit einer Medikamenteneinnahme soll künftig der Hersteller beweisen müssen, daß er nicht haftpflichtig ist. Patienten müssen aber die ihnen entstandenen Schäden nachweisen. Arzneimittelproduzenten haften aber nicht, wenn sie nachweisen können, daß bestimmungsgemäßer Gebrauch des Präparates keine negative Wirkung hat und eine den Erkenntnissen der Wissenschaft entsprechende Gebrauchsinformation beigefügt war. Zur Abwendung dieser Gefährdungshaftung hat der pharmazeutische Unternehmer eine **Haftpflichtversicherung** abzuschließen, damit im Ernstfall der Versicherer für den Unternehmer eintritt.

Welche Fälle sind von der Gefährdungshaftung erfaßt?

Die Gefährdungshaftung erfaßt alle Fälle, in denen der Patient **infolge** der **Anwendung** des Arzneimittels **getötet** oder der **Körper** oder die **Gesundheit** des Patienten nicht unerheblich **verletzt** worden sind. **Schadenersatzpflichtig** ist der pharmazeutische **Unternehmer**, der das Arzneimittel im Geltungsbereich des Gesetzes in den Verkehr gebracht hat. Die Haftung tritt ein, wenn das Arzneimittel bei bestimmungsgemäßem Gebrauch medizinisch nicht vertretbare schädliche Wirkungen, also Nebenwirkungen hat, die ihre Ursache im Bereich der Entwicklung oder der Herstellung haben. Der Unternehmer haftet aber auch dann, wenn der Schaden infolge einer nicht den Erkenntnissen der medizinischen Wissenschaft entsprechenden Kennzeichnung oder Gebrauchsinformation eingetreten ist.

2. Wie wird die Qualität des Arzneimittels in der Praxis gesichert?

Nach der Zulassung des Arzneimittels und damit während der Anwendung in der Praxis sind Hersteller, Ärzte und Apotheker für die Qualitätskontrolle verantwortlich.

Fortdauernde Kontrollpflicht des Herstellers

Auch nach der Zulassung des Arzneimittels hat der Hersteller Informationen und Langzeiterfahrungen durch gezielte **Beobachtung** des Arzneimittels in der Praxis zu sammeln, also den **therapeutischen Erfolg,** unerwünschte **Nebenwirkungen, Kontraindikationen, Wechselwirkungen** mit anderen Medikamenten und andere Auswirkungen zu beobachten. Der Arzneimittelhersteller bleibt also zum Schutze des Verbrauchers verpflichtet, bei Auftauchen eines Verdachts schädlicher Eigenschaften seines Arzneimittels sofort tätig zu werden und die zuständigen Behörden zu unterrichten.

Auch muß er den Ärzten und Apothekern auf Anforderung eine besondere Gebrauchsinformation für Fachkreise, also eine **Fachinformation,** zur Verfügung stellen.

Kontrollpflicht der Ärzte

Nach dem Arzneimittelgesetz hat der Arzt die Aufgabe, ihm aus seiner Verordnungstätigkeit bekanntwerdende Arzneimittelnebenwirkungen der Arzneimittelkommission mitzuteilen. Zu diesem Zweck hat die Bundesärztekammer zusammen mit der Arzneimittelkommission der deutschen Ärzteschaft in Köln einen **Arzneimittelinformations- und Warndienst** geschaffen.

Kontrollpflicht der Apotheker

Auch die Apotheker haben eine zusätzliche Prüfungsaufgabe; schließlich sind sie ja die einzigen Arzneimittelfachleute mit direktem Kontakt zum »Endverbraucher«. Die Apothekerschaft hat zur Kontrolle einen Arzneimittel-Kodex herausgegeben, also ein Ergänzungsbuch zum amtlichen Arzneibuch mit nahezu 300 Vorschriften. Zusätzlich entstand bereits Anfang der 70er Jahre das von der Apothekerschaft getragene **Zentrallaboratorium Deutscher Apotheker** (ZL) in Eschborn bei Frankfurt. In diesem Zentrallaboratorium werden pro Jahr immerhin in 50 Fällen – das heißt durchschnittlich einmal pro Woche – nach gewissenhaften Stichproben Mängel festgestellt, die dann zum Rückruf nicht ganz einwandfreier Medikamente führen. Die relativ große Sicherheit des Zulassungsverfahrens wird allerdings auch dadurch deutlich, daß insgesamt 5 Rückrufe pro Jahr sehr wenig sind im Verhältnis zu Stichproben bei 5 Millionen Arzneimittelpackungen, die im Jahr in den deutschen Apotheken und im Zentrallaboratorium erfolgen.

In Apotheken hergestellte Arzneimittel

An dieser Stelle sei erwähnt, daß der Anteil der in den Apotheken **selbst hergestellten** Arzneimittel in den letzten Jahrzehnten **deutlich zurückgegangen** ist und heute nicht einmal mehr 1 % der Apothekenumsätze erreicht. Die industriell gefertigten Produkte beherrschen den Markt, weil die Großherstellung von Medikamenten wirtschaftlich rationeller und qualitativ gleichförmiger möglich ist als eine Einzelanfertigung. Deshalb verändern elektronisches Bestellwesen, Großraumschubladen und computergesteuerte Kontrolle des Warenlagers den Berufsalltag des Apothekers. Dabei haben die Apotheker neben dem Arzneimittelgesetz viele Gesetze zu beachten, die dem Schutz des Patienten dienen, so die Apothekenbetriebsordnung, die Gefahrstoffordnung, das Pflanzenschutzgesetz, das Wettbewerbsrecht, das Kartellrecht, die Sozialgesetze, aber auch das Betäubungsmittelrecht.

3. Warum ist die Gesundheit so teuer?

Die Maßnahmen der **Qualitätssicherung** und **Qualitätskontrolle** zum Schutze des Verbrauchers kosten viel Geld. Sie bilden neben den Herstellungs- und Vertriebskosten einen Teil des Arzneimittelpreises. Hinzu kommen als nicht unerheblicher Preisfaktor die **Forschungs- und Entwicklungskosten** für ein neues Präparat. Im Jahre 1992 betrug die Arzneimittelproduktion über 31 Millionen DM mit Preiserhöhungen von durchschnittlich 2,1 % gegenüber dem Vorjahr. Dagegen sanken die Preise 1993 gegenüber dem Vorjahr kontinuierlich. Sie lagen im Jahresmittel über 4 % unter denen des Vorjahres. Die Arzneimittelhersteller haben allerdings im Jahre 1992 noch 687 Millionen DM für die Werbung aufgewandt. Die Branche liegt damit in der Rangfolge der Medieninvestitionen auf Platz 5. Dies zeigt, daß sich der Arzneimittelpreis aus vielen Komponenten zusammensetzt.

Preisbindung

Zweck der Preisbindung

Der Gesetzgeber hat zur Sicherung des Preises für Arzneimittel und damit für unsere Gesundheit in der **Arzneimittelpreisverordnung** eine Preisbindung eingeführt. Es bestehen festgesetzte Preisspannen für Arzneimittel, die im Großhandel, in Apotheken oder von Tierärzten im Wiederverkauf abgegeben werden. Die **Differenz** zwischen **Einkaufs-** und **Verkaufspreis** ist also festgelegt. Mit der Festlegung von Preisspannen hat der Gesetzgeber die Praxis einheitlicher Apothekenverkaufspreise gesetzlich abgesichert mit dem Ziel, das Arzneimittelpreisniveau zu senken. Die Arzneimittelverordnung schließt damit den Preiswettbewerb auf der Abgabestufe beim Apotheker völlig aus, schränkt ihn auf der Großhandelsstufe ein, läßt aber die Preisbildung durch den Hersteller unberührt. Damit die Apothekenabgabepreise gleich sind, besteht ein System von Zuschlägen auf den Herstellerabgabepreis. Für die Preisberechnung bei Fertigarzneimitteln, die sowohl vom Großhandel als auch direkt vom Hersteller bezogen werden können, schreibt die Arzneimittelpreisverordnung vor, daß – unabhängig vom tatsächlichen Vertriebsweg – der bei Belieferung des Großhandels geltende Herstellerabgabepreis zugrunde zu legen ist. Unabhängig von Schwankungen auf der Großhandelsebene richten sich die Apotheker regelmäßig nach der Liste der Arbeitsgemeinschaft ihrer Berufsvertretung (sogenannte **ABDA-Liste**), so daß in der Praxis eine **Einheitlichkeit** der **Verbrau-**

cherpreise für Arzneimittel erzielt wird. Diese Handhabung erleichtert zugleich das **Abrechnungsverfahren** zwischen den Apotheken und der gesetzlichen Krankenversicherung.

Dem gesetzgeberischen Zweck, Preiswettbewerb auf der Abgabestufe auszuschließen, würde es widersprechen, wenn es Apothekern gestattet würde, **Rabatte** zu gewähren. Es ist daher unzulässig, auf den Apothekenabgabepreis von Fertigarzneimitteln Rabatte zu gewähren.

Budgetierung

Zweck der Budgetierung

Der Sicherung eines für den Verbraucher tragbaren Preisniveaus dient auch die Budgetierung im Gesundheitswesen durch das Gesundheitsstrukturgesetz (vgl. bereits Seite 34f.). In der gesetzlichen Krankenversicherung standen für Arzneimittel im Jahre 1993 und 1994 nur rd. 24 Milliarden DM zur Verfügung, die Arzneimittelpreise mußten um 5 bzw. 2 % gesenkt werden. Dies hat für das Jahr 1993 bereits dazu geführt, daß die Preise insgesamt um nahezu 5 % unter denen des Vorjahres lagen.

Folgen der Budgetierung

Bei etwa der Hälfte aller Arzneimittelfirmen ist ein Umsatzrückgang zwischen 10 und 30 % festzustellen. Derartige Umsatzeinbußen können allerdings nur durch einen Investitionsabbau und den Verzicht auf Aufwendungen von Forschung und Entwicklung ausgeglichen werden, so daß diese für den Verbraucher zunächst positive Entwicklung auch langzeitige negative Auswirkungen haben kann.

Auch die Verbraucher müssen darauf achten, daß die **Kostensenkung** im Gesundheitswesen mit einer **Qualitätskontrolle** einhergeht. So gibt es inzwischen Hinweise, daß vielfach allein unter Preisgesichtspunkten solche Antibiotika angewendet werden, die bei Infektionen hohe Resistenzraten aufweisen. Dadurch sind neue Erkrankungen programmiert. Wenn in der Therapie des zu hohen Blutdrucks kostengünstige Mittel mit dem Wirkstoff Reserpin eingesetzt werden, kann dies insbesondere bei älteren Menschen Depressionen auslösen. Beispielsweise sind auch die Nebenwirkungen von Cortisontabletten größer als in nebenwirkungsarmen cortisonhaltigen Asthmasprays.

Maßnahmen zur Qualitätssicherung

Die Krankenkassen haben deshalb ein Projekt zur **Qualitätssicherung** bei der Arzneimittelanwendung gestartet, um Fehlentwicklungen in Zusammenarbeit mit den Ärzten frühzeitig zu erkennen. Die Basis für dieses Projekt ist die ab 1995 vorgeschriebene Einführung eines maschinenlesbaren Rezeptes mit möglicher bundesweiter Auswertung.

Zuzahlung und Festbeträge

Die Qualitätssicherung ist insbesondere bei der Festbetragsregelung der gesetzlichen Krankenversicherung erforderlich (vgl. bereits Seite 34f.). Der Anteil der **Festbetragsarzneimittel** beträgt zur Zeit schon über 50 % sämtlicher Verschreibungen. Besonders seit Anfang 1993 haben die Ärzte verstärkt Festbetragsarzneimittel verordnet. Die ersten Festbeträge aus dem Jahre 1989 sind erstmals ab 1. Juli 1994 den Marktverhältnissen angepaßt und um 2 bis 3 % erhöht worden. Inzwischen sind für etwa 20 % der Arzneimittelausgaben der Krankenkassen Festbeträge festgesetzt worden. Damit werden jährlich über 1,5 Milliarden DM Einsparungen erzielt. Diesen Einsparungen steht wieder die Gefahr gegenüber, daß das Nachfragemonopol der Krankenkassen zu Wettbewerbsverzerrungen führt und den forschenden Pharmaunternehmen Gelder für Neuentwicklungen entzogen werden. Im Jahre 1991 sind 34 neue Wirkstoffe, im Jahre 1992 30 neue Wirkstoffe eingeführt worden.

4. Worauf sollte man beim Kauf von Arzneimitteln achten?

Der **Patient** ist bei der **Auswahl** der Medikamente weitgehend **überfordert** und in erster Linie auf die Verordnung durch den Arzt und in zweiter Linie auf die Beratung durch den Apotheker angewiesen. Die genannten Beispiele zur Wirksamkeit von Antibiotika oder Cortisonpräparaten zeigen, daß das Bild des Patienten als verantwortungsvoller Partner im Gesundheitswesen nur sehr beschränkt richtig ist. Obwohl die Versicherten und nicht etwa die Krankenkassen das Gesundheitssystem komplett finanzieren, kann nur eine umfassende Gesundheitsinformation des Patienten einen wesentlichen Beitrag zur Kostendämpfung leisten.

Gesundheitsinformation und Werbung

Informationen an Ärzte

Das Gesundheitswesen ist durch einen jahrzehntelangen Erziehungsprozeß zum **Patientenkonsum** gekennzeichnet. Um so wichtiger ist es, daß der Patient die Möglichkeit erhält, sich über die **Leistungen** der **Ärzte** und **Arzneimittel** zu informieren. Gesundheitsinformation und Werbung richten sich natürlich auch an den Arzt, für den der Gesetzgeber bestimmte Verhaltensweisen vorschreibt, um den Patienten nicht in unzulässiger Weise zu beeinflussen. So ist es dem Arzt nicht gestattet, für die Verordnung von Arzneimitteln von dem Hersteller oder Händler eine Vergütung oder Vorteile zu fordern oder anzunehmen. Ärztemuster darf er nicht gegen Vergütung weitergeben. Überhaupt dürfen Ärztemuster nur in der kleinsten Verpackungsgröße (nicht mehr als zwei Muster pro Jahr) abgegeben werden. Der Arzt hat sogar über den Empfänger von Mustern und über Art, Umfang und Abgabe von Mustern Buch zu führen und die Nachweise auf Verlangen der zuständigen Behörde vorzulegen.

Beeinflussung des Arztes durch Werbung?

Der Arzt wird von der Arzneimittelindustrie durch den Pharmareferenten umworben. Um die Abhängigkeit des Arztes von der Pharmaindustrie bei der Information über Arzneimittel zu mildern, gehen die Kassenärztlichen Vereinigungen dazu über, eigene **Positivlisten** über zu verordnende Medikamente zu erstellen. Auch der Verband der Apotheker plant eine **Informationsdatenbank,** wobei bei den unterschiedlichen Interessengruppen – Ärzte, Apotheker, gesetzliche Krankenkassen – unterschiedliche Vorstellungen über Kosten, Wirkungsweise und Verfügbarkeit solcher Dateninformationsbanken bestehen. Bei einer Kooperation zwischen Ärzten, Apotheken und Krankenkassen und der Ausnutzung der enormen Möglichkeiten der Datenverarbeitung könnte die Gesundheitsinformation des Patienten wesentlich verbessert werden.

Verpackungsbeilagen und Kennzeichnung

Pflichtangaben

Die **Packungsbeilage** des Arzneimittels ist ein wesentliches Mittel zur **Patienteninformation** und **-aufklärung.** Der Gesetzgeber hat bestimmte Pflichtangaben vorgeschrieben, die **jeder Patient lesen sollte,** um die Gegenanzeigen, Vorsichtsmaßnahmen und Wechselwirkungen mit anderen Stoffen auf die besondere Situation bestimmter Personengruppen wie Kinder, Schwangere, stillende Frauen, ältere Menschen oder Patienten mit spezifischen Erkrankungen zu kennen. Ferner sind mögliche Beeinträchtigungen des Reaktionsvermögens (Fahrtüchtigkeit, Bedienung von Maschinen) durch das Arzneimittel anzugeben.

Patienten-information

Eine Neuregelung im Arzneimittelgesetz sieht vor, daß die Packungsbeilage als Medium zur Patienteninformation ausgebaut wird: Bei Bedarf sind **Hinweise** für den **Fall** der **Überdosierung,** der **unterlassenen Einnahme** sowie auf **unerwünschte Folgen** des Absetzens des Medikaments aufzunehmen. Bei **Nebenwirkungen** sind **erforderliche Gegenmaßnahmen** anzugeben. Patienten sollen aufgefordert werden, dem Arzt oder Apotheker jede beobachtete Nebenwirkung mitzuteilen, die in der Packungsbeilage nicht erwähnt ist. In Zukunft soll auch das Datum der Erstellung der Packungsbeilage angegeben werden. Außerdem sollen die Angaben für die Patienten verständlicher werden, die erläuternden Hinweise sollen verstärkt werden.

Weitere Angaben

Bei der **Kennzeichnung** von Behältnissen und Umverpackungen sind künftig **Verfalldaten** mit Monat und Jahr anzugeben. Bei Arzneimitteln, die unter gleichem Namen in **mehreren Darreichungsformen** oder **-stärken** vertrieben werden, muß dem **Namen** die **Darreichungsform, Stärke** oder **Personengruppe,** für die das **Arzneimittel** bestimmt ist, folgen, wenn der Name diese Angaben nicht enthält. **Hilfsstoffe** müssen künftig auf Behältnissen und Umverpackungen angegeben werden. Behältnisse und Umverpackungen sollen den Hinweis tragen, daß Arzneimittel unzugänglich für Kinder aufzubewahren sind.

Selbstmedikation

Mit der **Selbstmedikation** sorgt der Patient für die eigenverantwortliche Anwendung von **nicht-verschreibungspflichtigen** Arzneimitteln zur Vorbeugung, Linderung und Heilung von Gesundheitsstörungen ohne vorheriges Aufsuchen eines Arztes. Die nicht-verschreibungspflichtigen Arzneimittel werden auch unter dem Begriff »otc« (= over the counter) zusammengefaßt. Sind sie apothekenpflichtig, unterliegen sie auch der Preisbindung der Arzneimittelpreisverordnung, im übrigen herrscht freie Preisbildung, und die Apotheke steht im Wettbewerb mit anderen Anbietern wie Drogisten oder Supermärkten.

Bedeutung der Selbstmedikation

Heute wird schon jede dritte in der Apotheke abgegebene Arzneimittelpackung auf dem Wege der Selbstmedikation erworben. Der **Markt** hat sich im Verlaufe der letzten 10 Jahre mehr als **verdoppelt** und dürfte für das Jahr 1994 bald 10 Milliarden DM Umsatz erreichen. Arzneimittelbudget, Richtgrößen und Positivliste, erhöhte Zuzahlung zur Verschreibung lösen den Impuls zur Selbstmedikation aus. Der **Durchschnittspreis** der Selbstmedikationsarzneimittel liegt für Endverbraucher **zwischen 12,– und 13,– DM,** für verschreibungspflichtige Arzneimittel dagegen bei fast 50,– DM. Aber immer noch werden über die Hälfte aller nicht-verschreibungspflichtigen Arzneimittel oder der otc-Arzneimittel nach wie vor von Ärzten zu Lasten der GKV verordnet. Der Bereich der Selbstmedikation umfaßt besonders Husten- und Erkältungsmittel, Magen- und Darmmittel, Vitamine und Mineralstoffe, Schmerzmittel und Tonika-Geriatrika. Allein Husten- und Erkältungsmittel machen 16 % des Gesamtumsatzes aus. Übrigens verzeichnet die Schweiz mit 36 % aller Medikamente den höchsten Selbstmedikationsanteil, da in diesem Land der Erstattungsgrad in der gesetzlichen Krankenversicherung gering ist und in hohem Maße die private Krankenversicherung abgeschlossen wird. Wenn die Strukturreform der gesetzlichen Krankenversicherung sich weiter dahin entwickelt, daß nach dem Solidaritätsprinzip von der Allgemeinheit **nur** die **Grundversorgung** gewährt wird, erlangt die **Selbstmedikation** noch weit **größere Bedeutung.** Schon die Ausweitung vorhandener Negativlisten oder die Einführung einer Positivliste, mit der beispielsweise Arzneimittelgruppen, deren therapeutische Wirksamkeit oft nicht klinisch relevant nachgewiesen werden kann (durchblutungsfördernde Präparate, Venenmittel, topische Rheumamittel), führen zu einer häufigeren Empfehlung des Arztes zur Selbstmedikation.

Gefahren der zunehmenden Selbstmedikation

Auch der **Generationen-** und **Wertewandel** wird die künftigen Selbstmedikationsprodukte prägen, die für den Erhalt der Gesundheit, die Bekämpfung von Risikofaktoren wie Rauchen und Übergewicht, Stärkung der körpereigenen Abwehrkräfte durch immunologische Präparate Unterstützung bieten. Hier erwächst auch ein **neues Aufgabengebiet** für den **Apotheker** oder den **Fachverkäufer,** der den Anwender von Selbstmedikation über deren Risiken aufzuklären hat. Da aber im Bereich der nicht apothekenpflichtigen Arzneimittel die Selbstbedienung zugelassen ist, ist es auch in der Verantwortung des Verbrauchers, sich über Nebenwirkungen und Risiken fachlich beraten zu lassen. Wenn überhaupt, wird es im Arzneimittelbereich Wachstum nur in der Selbstmedikation und überwiegend zu Lasten der Umsätze mit der gesetzlichen Krankenversicherung geben. Die **zunehmende Selbstmedikation** wird nicht nur den Arzneimittelmarkt, sondern auch die Werbung und Aufklärung verändern und neue Anforderungen insbesondere an die Apotheker stellen. Gerade die Veränderungen im Arzneimittelmarkt sind ein Spiegelbild der Entwicklung unserer Gesundheitsreformen. Angesichts der bekannten demografischen Daten und der Veränderung der Bevölkerungsstruktur wird der Verbraucher mit skeptischer Sorge die Strukturveränderungen im Bereich der Krankenversicherung, Krankenhaus und Arzt, Apotheke und Arzneimittelindustrie beobachten müssen.

Stichwortregister

Christoph Krummel,
Robert Lungerich und Jürgen Röller

Arbeitsrecht – Arbeitnehmer und Arbeitgeber

Band 12498

Von der Anbahnung bis zur Beendigung ist ein Arbeitsverhältnis mit einer Fülle von juristischen Problemen verbunden. Wonach darf der Arbeitgeber im Vorstellungsgespräch fragen? Wie setzt man sich gegen eine Kündigung zur Wehr? Der Band gibt zuverlässige Antworten auf alle arbeitsrechtlichen Fragen im Verhältnis des einzelnen Arbeitnehmers zum Arbeitgeber. Aus dem Inhalt: Abschluß des Arbeitsvertrages, Lohn und Gehalt (im Krankheitsfall), Urlaubsregelungen, Praktikum, Volontariat, freie Mitarbeit, Teilzeitarbeit, Jobsharing, befristetes Arbeitsverhältnis.

Dr. Christoph Krummel, Robert Lungerich und Jürgen Röller sind Rechtsanwälte in Köln und in ihrer Praxis mit allen wichtigen Fragen des Arbeitsrechts befaßt.

RATGEBER RECHT
Fischer · Heymanns

fi 1952 / 1

Axel Groeger

Arbeitsrecht – Betriebsrat und Unternehmer

Band 12499

Dieser Band befaßt sich mit allen in der Praxis wichtigen arbeitsrechtlichen Fragen zwischen Betriebsrat und Unternehmer. Wo und wie wird ein Betriebsrat gewählt? Wie ist seine Zusammensetzung, wie arbeitet er? Welche Mitbestimmungsrechte, welche anderen Mitwirkungsrechte hat der Betriebsrat? Bei welchen personellen und wirtschaftlichen Maßnahmen muß er beteiligt werden? Wie funktioniert die praktische Zusammenarbeit zwischen Betriebsrat und Unternehmer? Welche Besonderheiten gibt es nach dem Einigungsvertrag? Diese und viele andere Fragen werden beantwortet.

Axel Groeger ist Rechtsanwalt in Köln und durch langjährige Praxis mit allen Fragen des Arbeitsrechts vertraut. Er ist Autor vieler Veröffentlichungen auf diesem Gebiet.

RATGEBER RECHT
Fischer · Heymanns

fi 1956 / 1

Dieter M. Nauroth

Computer und Recht

Band 12495

Computeranwender sehen sich mannigfachen Problemen ausgesetzt, wenn Hard- und Software nicht oder nur unzureichend funktionieren. Dieser Band zeigt, worauf beim Kauf zu achten ist, wie Mängel korrekt gerügt werden, wie Ansprüche durchzusetzen sind und wie sinnvolle Wartungsvereinbarungen getroffen werden können. Aus dem Inhalt: Rechtsschutz für EDV-Leistungen, Softwareverträge, Mängel im EDV-System, Allgemeine Geschäftsbedingungen in allen Vertragsarten, Checklisten.

Dieter M. Nauroth ist Rechtsanwalt in Köln und in seiner Praxis insbesondere mit dem Computerrecht vertraut. Er ist Autor zahlreicher Fachveröffentlichungen auf diesem Gebiet.

RATGEBER RECHT
Fischer · Heymanns

fi 1957 / 1

Tamara Große-Boymann

Scheidung

Band 12491

Jede dritte Ehe in Deutschland scheitert. Trennung und Scheidung sind gravierende Einschnitte im Leben aller Betroffenen. Fehlende Informationen über die rechtlichen Voraussetzungen und Konsequenzen führen zu Verunsicherungen. Der Band behandelt umfassend die grundlegenden Rechtsfragen bei Trennung und Scheidung. Hierzu zählen während der Trennungszeit Sorgerecht, Kindes- und Ehegattenunterhalt, Ehewohnung, Hausrat, und für das Scheidungsverfahren dessen Voraussetzungen, Unterhalt, Umgangsrecht, Alleinerziehung und vieles mehr.

Dr. Tamara Große-Boymann ist Rechtsanwältin in Hamm und in ihrer Praxis seit vielen Jahren mit allen familienrechtlichen Fragestellungen vertraut.

RATGEBER RECHT

Fischer · Heymanns

fi 1951 / 1

Franz-Josef Rinsche

Erbschaft

Band 12490

Bis zum Jahre 2000 werden bis zu zwei Billionen DM auf die nächste Generation übertragen. Hier erfahren Vererbende und Erben, worauf sie bei einer sinnvollen Gestaltung der Erbfolge zu achten haben, welche Kosten und Steuern entstehen und wie man beizeiten vernünftige Lösungen finden kann. Inhalt u. a.: Gesetzliche Erbfolge; Verwandte als Erben; Erbschaft des Ehegatten; Was kann ein Testament regeln?; Pflichtteilanspruch, Erbengemeinschaft; Erbschein; Erbrecht in den neuen Bundesländern.

Dr. Franz-Josef Rinsche ist Rechtsanwalt und Notar in Hamm und in der Praxis mit allen erbrechtlichen Problemen befaßt. Er ist Autor zahlreicher Fachveröffentlichungen.

RATGEBER RECHT

Fischer · Heymanns

fi 1953 / 1